Werner und Xenia Raith

»Aber du hast doch angefangen!«
Leitfaden für den Familienstreit

Werner und Xenia Raith

»Aber du hast doch angefangen!«

Leitfaden für den Familienstreit

Patmos Verlag Düsseldorf

Thema: KINDER
herausgegeben von Marion Schweizer

Die Deutsche Bibliothek – CIP-Einheitsaufnahme

Raith, Werner:
Aber du hast doch angefangen! : Leitfaden für den Familienstreit / Werner und Xenia Raith. – 1. Aufl. – Düsseldorf : Patmos-Verl., 1996
(Thema: Kinder)
ISBN 3-491-50020-6
NE: Raith, Xenia:

1. Auflage 1996
Umschlag: Hanno Rink
Gesamtherstellung: Rasch, Bramsche
ISBN 3-491-50020-6

Inhalt

Richtig streiten

Geht das überhaupt?

Streit, sagt die Frau des Hauses und Mutter dreier Kinder, sei im Grunde fürchterlich, doch leider komme er offenbar allüberall vor, wo es Lebewesen gibt – unsere Hunde streiten, die Katzen sowieso, selbst die Pferde legen die Ohren an, wenn es Futter gibt, und bedrohen ihren Stallnachbarn, mit dem sie sonst einträchtig Schweif an Kopf stehen und ihm die Fliegen von den Augen vertreiben.

Streit, sagt der Vater der Kinder, sei grundsätzlich ganz und gar nicht schlimm, im Gegenteil: Erst im Streit habe jeder Gelegenheit, seine Argumente auf Herz und Nieren zu prüfen, und selbst wenn die Auseinandersetzung ausarte, könne man ihr noch wichtige Informationen entnehmen, den Ruf eines Kindes nach Hilfe zum Beispiel. Alles immer noch besser als wohlanständige Grabesruhe.

Streiten, sagen unsere drei Kinder Xenia (15), Jessica (13), Rebecca (11), wollen sie eigentlich überhaupt nicht. Aber leider hat »die da« eben angefangen – was die Beschuldigte jedoch energisch bestreitet und ohne zu zögern umkehrt: »Und gestern? Hast da vielleicht nicht du angefangen?«

Da stehen wir Eltern dann in unserem kurzem Hemd: Harmonie einfordern oder den Streit austragen lassen? Uns einmischen und schiedsrichtern? Grundsätzlich dem Schwächeren beistehen? Oder uns prinzipiell ganz heraushalten?

Verwirrt schielen wir auf die Familie im Nachbarhaus, wo es niemals laut zugeht, wo offenbar alle Konflikte friedlich geregelt werden, wo selbst die größten Meinungsverschiedenheiten alsbald in einen allseits befriedigenden Konsens münden. Und

mit eingezogenem Kopf hören wir, mitunter von den Betreffenden selbst, mitunter aus dem Mund unserer Kinder, daß irgendwelche Eltern von irgendwelchen Kameraden sich *immer* raushalten, oder *immer* gerecht sind oder *immer* lieb und freundlich, und schon ganz und gar *nie* mit den Kindern streiten – ganz im Gegensatz zu uns, »die ihr uns *immer* mit euren Argumenten tothaut«.
Was wir nun wiederum ganz und gar von uns weisen, sind es doch in der Regel unsere geliebten Töchter, die bei uns mit dem Ruf: »Das kann schon stimmen, was du sagst, aber ich glaub's einfach nicht!« oder, noch schlimmer, mit einem: »Ach was, du willst ja nur recht behalten!« die Galle zum Kochen bringen. Würden Sie sich das etwa gefallen lassen?
Spaß beiseite. Natürlich haben wir längst herausgefunden, daß auch bei Leuten, die wir niemals streiten hören, in Wirklichkeit längst nicht alles so in Butter ist, wie man sich das gerne vorstellt, und daß die Ruhe jenseits der nachbarlichen Wände mitunter tatsächlich eine Art Grabesruhe ist: einer oder eine bestimmt, und die anderen kuschen ohne Widerrede. Und mit einer gewissen seelischen Entlastung beobachten wir, daß scheinbar urplötzlich eine ganze Familie auseinanderbricht, die doch angeblich immer so einträchtig zusammengelebt haben soll. Dann doch lieber einen gelegentlichen Krach. Oder?
Jedenfalls sind wir schließlich zu dem Ergebnis gekommen, daß Streit, zumindest in unserer Familie, offenbar unvermeidlich ist – und haben versucht herauszufinden, ob man nicht auch daraus einfach das Beste machen kann: Streiten ja, aber in einigermaßen verträglichen Bahnen. Also: Eckwerte abstimmen, über die hinaus Streit »böse« wird und daher verbannt sein soll, Verhaltensweisen festlegen, die jeder auch beim härtesten Streit einhalten sollte, Wege suchen, wie man wieder zueinanderfindet, wenn der Streit doch über die vereinbarten Grenzen hinausgegangen ist. Mit einem Wort: RICHTIG streiten, nicht

böse, nicht hinterhältig, nicht unter der Gürtellinie, so fair wie möglich und also nach gewissen Spielregeln.
Aber geht das denn – *richtig* streiten? Ist Streit nicht gerade jene Form menschlicher Kommunikation, die, im Gegensatz zur »Auseinandersetzung« oder dem »Austragen von Meinungsverschiedenheiten«, die Gefahr des Dauerkonflikts, der unkittbaren Risse bis hin zu endgültiger Trennung in sich trägt?
Klar. Streiten hat durchaus eine existentielle Komponente, kann zumindest jederzeit zum Extrem ausarten. Doch ebenso ist nicht zu leugnen, daß Streit oft auch ohne erkennbaren konkreten Anlaß entsteht, fast unmerklich. Mehr noch: daß es mitunter gar nicht um die Beilegung eines inhaltlichen Konflikts geht – sondern daß Streit ab und an einfach »sein muß«. Fast jeder kennt das: Man merkt schon am frühen Morgen, daß der Haussegen irgendwie schief hängt, ohne genau feststellen zu können, woran es liegt. Und solange der Streit nicht mit Hauen und Stechen ausgebrochen und durchgezogen ist, bleibt die Stimmung gespannt. Kann Streit also gelegentlich auch so etwas sein wie ein »reinigendes« Gewitter, ohne daß dabei irgendwelche Streitfragen wirklich entschieden werden?
Andererseits: Ist es nicht so, daß sich Streitlust mitunter auch sozusagen in Luft auflöst, wenn nur genügend Zeit vergeht und man keine Möglichkeit hat, die Aggression loszuwerden? »Wenn das noch lange dauert«, sagt in der Fernsehserie »Peter und Paul« der zornig zur Landrätin angereiste Bürgermeister auf der Wartebank vor ihrem Büro, »dann hab ich überhaupt keine richtige Wut mehr.«
Die Wissenschaft – eine ganze Disziplin, Aggressionsforschung genannt, lebt von Mutmaßungen über das Thema – ist durchaus uneins über die Frage, ob Streiten zum menschlichen Naturell gehört und daher unausrottbar ist, oder ob sich der homo sapiens aufgrund seiner höheren geistigen Entwicklungsstufe über hirnloses Streiten erheben und gegensätzliche Ansichten ebenso wie gegensätzliche Gefühle mit Hilfe der Verstandes-

kräfte ordnen, in eine Hierarchie bringen und gemäß dieser Hierarchie über den Vorrang entscheiden könnte. Immanuel Kant, Deutschlands oberster philosophischer Rezeptgeber, glaubte, mit dieser Methode in seinem heute wieder vielgelesenen Werk »Zum ewigen Frieden« selbst die Kriege der Völker untereinander abschaffen zu können.

Pustekuchen: Auch als die Vereinten Nationen mit einer schönen Charta und hehren Zielen gegründet wurden und dies durchaus als Schritt zur Kant'schen Weltregierung durch Vernunft angesehen werden konnte, legten sich weder große noch kleine Kriege, gingen Streit und Aggression im Makro- wie im Mikrokosmos so ungebremst weiter wie vordem.

Sigmund Freud meinte in seinem »dritten psychoanalytischen Triebmodell«, die Streitlust einem speziellen Trieb anlasten zu müssen, der ständig in Konflikt mit den »Lebenstrieben« liege und Geschaffenes zu zerstören versuche.

Alexander Mitscherlich, auch er Psychoanalytiker, grub in den alltäglichen, zufälligen und permanenten Frustrationen der jeweiligen Gesellschaftsformen nach der Ursache von Streithammelei. Was wiederum von der »ethologischen«, auf Verhaltensforschung gegründeten Schule um Konrad Lorenz und Eibl-Eibesfeldt als Unsinn betrachtet wurde: Sie sahen Aggression, also ernsthaftes, mitunter tödlich endendes Streiten nicht nur als naturgegebene Anlage, sondern auch als ein das Überleben garantierendes Verhaltensmuster an. Und dann sind da noch diverse lerntheoretische Modelle, denen zufolge sich Streitlust und Streitformen durch die Nachahmung anderer Menschen, speziell der Eltern, und der im sozialen Umfeld angesiedelten weiteren Lebewesen entwickeln. Letzteres würde bedeuten, daß Kinder, die in einem streit-losen Milieu aufwachsen, auch nicht streiten. Das Problem dabei: Bisher ist es nirgendwo gelungen, ein absolut streitfreies Klima aufzubauen. Auch wenn zu Hause nicht gestritten wird – wie ließe sich verhindern, daß Kinder auf der Straße, auf dem Spielplatz, in der Schule in Streit verwickelt werden?

Angesichts dieses Beweisnotstands haben sich wiederum andere Streit-Analytiker eine auf den ersten Blick schlaue Lösung einfallen lassen: Gleichgültig, ob Streit naturgegeben oder erlernt ist, er ist eine Realität. Daher kann es nur darum gehen, diese Realität menschenwürdig zu »bewältigen«. Und das geht so: Streit soll möglichst dort und dann ausgetragen werden, wo er entsteht, also wo der konkrete Anlaß dafür liegt: nicht »hinunterschlucken«, nicht aufschieben, sondern auf den Tisch bringen, was einem nicht paßt. Das soll dann einerseits Magengeschwüre verhindern helfen, die angeblich vor allem durch »geschluckte«, nicht ausagierte Aggressionen entstehen, andererseits aber auch der Umgebung transparent machen, worum es eigentlich geht. In der Tat ist es natürlich für das zwischenmenschliche Zusammenleben nicht besonders förderlich, wenn zum Beispiel der Familienvater nach Hause kommt und dort wegen einer Bagatelle explodiert – wobei der eigentliche Grund dafür in irgendeiner Demütigung im Büro liegt. Oder wenn der vierzehnjährige Sohn vom Fußballspielen zurückkommt und scheinbar ohne Anlaß seiner zehnjährigen Schwester eine scheuert – wobei die Familie erst Tage später, wenn überhaupt, erfährt, daß der Junge sich beim Spiel einen seiner Ansicht nach ungerechtfertigten Platzverweis eingehandelt hatte.

Der Haken dabei: Es ist durchaus nicht immer möglich oder überhaupt ratsam, den Streit dort auszutragen, wo er entsteht. Im Gegenteil. In zahlreichen Fällen verbietet sich dies regelrecht beziehungsweise kollidiert heftig mit anderen Prinzipien: Der Platzverweis beim Fußball ist dafür ein gutes Beispiel, denn würde sich der Junge nach dem Platzverweis gegen den Schiedsrichter oder seinen Gegenspieler austoben, könnte er sich auch gleich die nächsten Spieltage von der Reservebank aus ansehen. Was sicher nicht zum Abbau seiner Aggressionen beitragen würde, zumal er sich ja für unschuldig hält. Oder: Gehe ich davon aus, daß Streit vor allem durch gutes Beispiel zu verhindern sei, kann ich natürlich nicht beliebig drauflos streiten, wenn mich jemand ärgert oder gar Streit zu provozieren versucht. Eltern, die sich vor den Kindern streiten, erzeugen damit meist weniger Transparenz denn Angst; darauf werden wir noch ausführlich zurückkommen.

Kann man also wirklich *richtig* streiten?

Wir wollen in diesem Buch darlegen, was man darunter verstehen und wie man es zumindest versuchen könnte. Patentrezepte, das können wir nur immer wieder betonen, gibt es sicher nicht. Aber Ansätze dafür, wie man familiären Streit sozusagen »zivilisieren« kann, damit er das Zusammenleben nicht zur Hölle werden läßt, lassen sich durchaus entwickeln. Wir haben dazu mehrere hundert Eltern, Kinder und Jugendliche befragt und herausgefunden, daß die Lage auch in »schweren« Fällen mitunter weniger aussichtslos ist als befürchtet. Und das hat uns ermutigt, das Thema in einem Buch zu behandeln.

Liebt sich, was sich neckt?

Streit vermeiden oder Streit erleiden

Der Volksmund weiß es wieder mal genau: Was sich liebt, das neckt sich. Mag sein, doch gilt das auch umgekehrt? Liebt sich, was sich neckt?

Uns Eltern wäre das natürlich am liebsten: Den Streit unserer Kinder untereinander und mit uns einfach als Zeichen ihrer Liebe zueinander und zu uns zu betrachten. Je mehr Streit, desto mehr Liebe – doch ab und an kommen da nicht nur leise Zweifel auf.

»Gib mir mal das Nutellaglas rüber«, sagt Jessica.

Rebecca schneidet eine Grimasse.

Jessica: »Siehst du, Papi, immer muß sie mich so blöde anschauen.«

Rebecca: »Gar nicht immer.«

Jessica: »Schon immer. So blöd schaust du dann.« (Macht die Grimasse nach)

Rebecca: »Weil du mich auch so blöd anschaust. So, so schaust du.« (Schielt und streckt die Zunge halb heraus).

Jessica: »Papiiiiii ...«

Vater: »Rebecca, das ist doch nicht schön.«

Rebecca (weinerlich): »Ja, weil sie mich auch immer so anschaut.«

Vater: »Aber jetzt hat sie dich doch gar nicht so angeschaut, sie hat nur um das Nutellaglas gebeten. Du hast sie so angeschaut, nicht wahr?«

Rebecca: »Aber gestern, da hat sie mich so angeschaut.«

Vater: »Dann gib ihr doch das Nutella, und die Sache ist erledigt.«

Rebecca: »Ich hätt's ihr ja gegeben, aber sie muß immer befehlen.«
Vater: »Aber wenn sie ihr Brot bestreichen will, braucht sie eben das Nutella.«
Rebecca: »Ich hätt's ihr ja gegeben ...«
Jessica: »Das macht sie immer so, nur um mich zu ärgern.«
Vater: »Nein, ich glaube nicht, daß sie dich ...«
Jessica (heftig): »Dochdochdoch, die will mich nur ärgern, immer will sie mich ärgern. In der Schule fragt sie immer rum, welcher Junge mir gefällt ...«
Rebecca: »Gar nicht immer.«
Jessica: »Doch, immer, immer. Und dann schwätzt sie's überall herum.«
Mutter: »Also, das glaube ich aber nicht ...«
Jessica: »Ja, weil die Rebecca immer dein Herzepoppchen ist, die darf alles machen, und ich nie, und wenn was ist, bin immer ich schuld.« (Beginnt heftig zu weinen)
Xenia (die sich bisher still verhalten hat): »Doch, das stimmt, Mami, wenn die Rebecca was macht, schimpfst du nie ...«
Rebecca (ebenfalls heulend): »Und du, dir hilft Papi immer ...«
Xenia: »Das war früher mal ...«
Vater: »Also, da möchte ich auch sagen, daß die Xenia, weil sie die Älteste ist, von mir mehr auszuhalten hat als ihr. Außerdem geht's doch um etwas ganz anderes, nämlich darum, daß Rebecca eine Grimasse geschnitten hat und du, Jessica, dich immer so schnell aufregst, wenn Rebecca dir das Nutellaglas nicht schnell genug gibt.«
Jessica: »Aber das macht sie doch bloß, um mich zu ärgern. Immer will sie mich ärgern, immer, immer.«
Vater: »Also, das stimmt nicht ...«
Mutter: »Bestimmt nicht, Rebecca ist immer diejenige, die am schnellsten alles macht, worum man bittet ...«
Jessica: »Siehst du, jetzt verteidigst du sie wieder.«
Vater: »Aber damit hat sie doch recht. Wenn wir euch um etwas bitten, wer springt dann gleich auf? Die kleinste ...«

Xenia: »Weil ich immer im Stall arbeite und die Pferde versorge ...«
Jessica: »Und ich? Ich hab die Hunde versorgt und die Katzen und den ganzen Tag ...«
Vater: »Das bestreitet doch keiner, aber wenn wir hier am Tisch oder im Haus um etwas bitten, dann können wir uns darauf verlassen, daß Rebecca es eher tut als ihr ...«
Jessica: »So? Dann schau doch mal ihr Zimmer an, das soll sie seit Tagen aufräumen, seit Monaten ...«
Mutter: »Ja, also das muß ich auch sagen, Rebecca, dein Zimmer schaut wieder aus!«
Jessica: »Und ich hab meines erst heute ganz toll aufgeräumt ...«
Rebecca: »Ja, weil dein Ignazio kommt ...«
Jessica (heulend): »Siehst du, jetzt zieht sie mich schon wieder auf ...«
Vater: »Herrgottnochmal, hört endlich auf damit. Es geht doch überhaupt nicht darum, Jessica hat doch inzwischen ihr Nutella gekriegt, ihr Brot geschmiert und ...«
Jessica: »Ja, aber die Rebecca ...«
Und so weiter und so weiter: Ein Ende des Streits kommt erst in Sicht, als Rebecca plötzlich auf die Uhrzeit verweist und sich herausstellt, daß jetzt gleich im Fernsehen eine Sendung beginnen wird, von der noch nicht feststeht, ob Zugucken erlaubt sein würde. Plötzlich ist der Friede wiedergefunden, später sitzen die drei einträchtig nebeneinander und gucken in die Röhre.
Und was sagt uns das? Alles nur eine Neckerei unter ansonsten einander liebevoll zugetanen Menschen?
Zu erkennen sind jedenfalls zahlreiche Verletzungen untereinander, die an solchen Stellen scheinbar urplötzlich an die Oberfläche dringen. Rebecca, sonst immer hilfsbereit, verweigert sich einer einfachen Geste bei Tisch mit einer Grimasse, einen Moment nur, aber bei Jessica kocht sofort eine Wut hoch, von

der man annehmen muß, daß sie eruptiv lange angestaute Frustrationen zutage fördert. Doch tatsächlich ist gerade Jessica diejenige, die Ärger eigentlich nie in sich hineinfrißt, sondern ohne zeitliche Verzögerung explodiert, wenn ihr etwas nicht paßt.
Der Streit hangelte sich dann an der Frage entlang, ob man heute etwas »vergelten« könne, was einem der andere gestern oder gar vor Wochen »angetan« hat; ob man eine Grimasse von vorgestern mit einer Verweigerung heute »bestrafen« dürfe. Und ob man die Schwester mit ihrem Freund necken darf, nur weil sie einen »auch sonst mal« geärgert hat.
Plötzlich aber stehen wir dann allesamt mitten in der Debatte, ob wir nicht etwa eine unserer drei Töchter, damals zehn, zwölf und vierzehn Jahre alt, bevorzugen. Längst haben alle den ursprünglichen Gegenstand des Streits aus den Augen verloren – und obwohl die Auseinandersetzung keineswegs unterbunden wird, entweicht der Dampf nicht wirklich, denn als der Vater die Diskussion wieder auf den schlichten Ausgangspunkt zurückführt, nämlich das nicht weitergegebene Nutellaglas, geht die ganze Streiterei wieder von vorne los.
Haben wir Eltern uns zu sehr eingemischt?
Natürlich wäre es möglich gewesen, sich zu verweigern, von Anfang an nach dem Motto zu handeln: »Das macht ihr mal schön untereinander aus.« Doch daran hindert uns leider die Erfahrung, daß wir damit die Stimmung eher noch anheizen – Rebecca beispielsweise steht, wenn ihre Schwester Jessica sie mit nur noch affirmativen »Argumenten« eindeckt und mit »dochdochdochdochdoch« alle anderen Reden überschreit, unvermittelt auf und versucht ihr eine zu knallen. Nicht besonders heftig, aber immerhin schmerzhaft genug, um Jessicas Tränenfluß weiter zu steigern – oder ihrerseits eine Ohrfeige zu provozieren, was dann wiederum zu der Diskussion führt, welche der beiden Watschen die schmerzhaftere und darum unangemessen war, und ob Rebecca Jessica überhaupt richtig getroffen hatte. »Außerdem hast du mich vorige Woche auch einmal

gehauen.« Womit wir im Grunde am selben Punkt stehen wie in der oben zitierten Diskussion, nur um zwei Ohrfeigen deprimierter.

Eine Zwickmühle: Greifen wir ein, gelangt die Auseinandersetzung nie zum eigentlichen Kern. Greifen wir nicht ein, führt der Streit alsbald zu teils massiven Handgreiflichkeiten. Auch die »Lösung«, die Diskussion ungestört ablaufen zu lassen, Boxen, Klatschen oder Schlimmeres aber zu unterbinden, ist kein wirklicher Ausweg: Erfahrungsgemäß verlagert sich die aufgestaute Wut dann nur auf die nächste Argumentationskette; und auch wenn Handgreiflichkeiten zunächst erfolgreich verhindert wurden, kneift die eine die andere dann doch noch beim Hinausgehen, und alles war für die Katz.

Interessant ist freilich wieder einmal der Schluß, den die Debatte dann doch noch gefunden hat – die Mädchen hatten plötzlich Wichtigeres vor, und so wurde der Streit sang- und klanglos beigelegt.

Natürlich ist es nötig, sich bei der Analyse solcher und ähnlicher Dialoge auch die näheren Umstände zu vergegenwärtigen: Die Angespanntheit etwa nach der Schule (oder vor der Schule, etwa wenn Klassenarbeiten anstehen), noch frische »Verwundungen« durch Auseinandersetzungen mit Freundinnen oder Freunden, durch die Eltern abgeschlagene Bitten oder auch Wünsche, von denen nicht klar ist, ob man sie überhaupt äußern sollte …

Derlei spielt oftmals mit, wir werden noch ausführlich drauf eingehen. Doch generell entsteht oft der Eindruck, als bewirke solchen Streit einzig und allein die Tatsache, daß die drei jungen Damen Geschwister sind oder daß wir ihre Eltern sind: nie erleben wir solche Streitigkeiten unserer Kinder etwa mit ihren Freundinnen. Eine Grimasse würde da eher mit einem Lachen quittiert, während sie bei der Schwester eine Beleidigung darstellt. Nur selten erleben wir Vorgänge, die sich nach dem Spruch »Was sich liebt, das neckt sich« interpretieren lassen.

Natürlich: Xenia bringt manchmal spontan ihren beiden jüngeren Schwestern kleine Geschenke vom Schulweg mit; aber zehn Minuten danach knallen schon wieder die Türen und ein »Blöde, blöde Kuh« ertönt; Rebecca bettelt für ihre beiden größeren Schwestern um Nachsicht, wenn die wieder mal für etwas bestraft wurden, doch macht man letztere drauf aufmerksam, wie sehr sich Rebecca für sie eingesetzt hat, kriegt man allenfalls die Antwort: »Hab ich sie doch gar nicht drum gebeten!«

Jessica kommt zum Vater und fragt: »Was soll ich denn tun, ich weiß ja, daß es nicht so ist, aber immer habe ich das Gefühl, ihr bevorzugt Rebecca oder Xenia« – und eine halbe Stunde danach liegt sie wieder mit dem Vater im Clinch, weil der angeblich eine Regelverletzung Rebeccas nicht so scharf geahndet hat wie vor drei Monaten bei Jessica, und das hält auch noch an, als längst geklärt ist, wie wenig vergleichbar die beiden Fälle sind.

Dann aber geschieht plötzlich wieder das »Liebt-sich«-Wunder: Jessica, die bei uns allen eher im Geruch steht, für ihre Schwestern nicht allzuviel übrig zu haben und lieber außer- als innerhalb der Familie ihr Vergnügen zu finden, verteidigt ihre kleinere Schwester vehement, als ihr Freund Ignazio Rebecca gegenüber einen etwas groben Scherz macht. Rebecca ist ganz erstaunt, und wir Eltern freuen uns mächtig.

Als wir unsere Freude darüber unvorsichtigerweise beim Abendessen noch einmal äußern, schneidet Rebecca, sicherlich nur aus Unsicherheit, wieder eine Grimasse. Und Jessica explodiert erneut.

War die Verteidigung Rebeccas durch Jessica weniger ein Akt der Solidarität mit der kleineren Schwester als vielmehr ein Signal gegenüber Ignazio, daß er sich ohne Jessicas Erlaubnis nicht in Familienangelegenheiten einzumischen habe? Oder sind diese »Neckereien« am Ende doch ein Ausfluß von geschwisterlicher Liebe, die sie, um keine »Schwäche« zu zeigen, halt durch Rauhbeinigkeit kaschieren?

»Du hast doch damit angefangen!«

Wie Streit entsteht

Natürlich gibt es auch den absichtlich provozierten, kühl kalkulierten, regelrecht in Szene gesetzten Streit – darüber an späterer Stelle. Doch innerhalb der Familie kommt er wesentlich seltener vor als spontaner Streit. Der ist in aller Regel dadurch gekennzeichnet, daß die Beteiligten seine Entstehung zunächst gar nicht bemerken und hinterher oft mächtig Mühe haben, überhaupt zu rekonstruieren, wie es dazu gekommen ist.
Sicher – mitunter merken Mütter und Väter beizeiten, daß da irgendwas in der Luft liegt, oft zwischen den Eltern selbst, aber ebensooft auch bei den Kindern, gleich in welchem Alter. Selbst Säuglinge sind ja gelegentlich unruhig, quengelig, lassen sich nicht so einfach beruhigen wie sonst, ohne daß ein konkreter Grund auszumachen wäre. Manche Untertöne des Weinens lassen sich durchaus unterscheiden, die auf einen generellen Unmut hinweisen oder gar – auf Wut? Erst nach längerem Schreien beruhigt sich das Kind unversehens, ohne daß man erkennen könnte, irgend etwas habe sich nun geändert.
Deutlicher wird es natürlich bei älteren Kindern: an manchen Tagen geht einfach überhaupt nichts. Kein Spielzeug, das man anbietet, kommt an, weder Bonbons noch Kasperltheater oder, in vorgerückterem Alter, das Versprechen, neue Bücher oder Comics zu besorgen. Zärtlichkeiten werden schroff zurückgewiesen. Das Barometer steht auf Sturm, und bevor der nicht vorüber ist, ist einfach nicht mit Sonne zu rechnen.
Bei ehrlicher Betrachtung ist solche Mißstimmung natürlich oft nur das Abziehbild unserer eigenen Laune. Sind wir bereits am Morgen mit mehr oder weniger undefinierbarem »Ärger im

Bauch« aufgewacht, bessert sich die Laune meist nicht mal durch das liebevolle Gurren des Partners, und als ganz und gar kontraproduktiv erweisen sich Nachfragen wie »Hast du was?« – »Bist du schlecht aufgelegt?« und dann, bei abwehrender Haltung, noch eins drauf: »Ich seh doch, daß du was hast. Also sag schon!« Die schlechte Laune steigert sich oft in dem Maße, wie die Umgebung diese zu kurieren sucht. Auch hier erscheint oft die Explosion, das »Augen-zu-und-durch«, als einzig gangbare Lösung.

Aber kann man Streit nicht doch wenigstens hin und wieder schon in seiner Entstehungsphase abfangen und damit schlimmere Ausmaße schlicht verhindern? Dazu müßte man allerdings genauer wissen – und sich bewußt halten – wie er entsteht. Wobei wir wieder bei der Anfangsproblematik angelangt sind: In vielen Fällen läßt sich auch beim besten Willen nicht mehr genau analysieren, wie der Streit entstanden ist. Die Rekonstruktion endet allzu häufig mit der bloß noch affirmativen Behauptung: »Aber du hast doch damit angefangen« – und das provoziert dann auch nach dem reinigenden Gewitter leicht neuen Streit.

Im vorhergehenden Kapitel haben wir eine Episode aus unserer Familie protokolliert, bei der anläßlich der schlichten Bitte, doch das Nutellaglas herüberzureichen, ein ganzer Rattenschwanz von Streitigkeiten an die Oberfläche trat, bis hin zu der von Kindern als existentiell empfundenen Frage, ob die Geschwister von den Eltern etwa mehr geliebt werden als sie selbst. Hier nun ein anderes Protokoll, das uns eine Freundin über die Entstehung eines Streits zwischen ihrem Sohn Markus (13) und ihrer Tochter Monika (17) aufgeschrieben hat:

Markus: »Ich komm heut später heim.«

Monika: »Warum?«

Markus: »Geht dich nichts an.«

Mutter: »Komm, sei nicht grob. Außerdem möcht ich's auch wissen.«

Markus: »Will Fußballspielen gehen.«
Mutter: »Gut. Aber nimm eine Jacke mit, am Abend ist es kühl.«
Monika: »Und dann kriegst du wieder deinen Schnupfen.«
Markus: »Das geht dich gar nichts an.«
Bis dahin, so Frau M., alles ganz normaler Umgangston. Doch zwei Minuten später flog die Tür zu Monikas Zimmer auf und wieder zu, die Mutter hörte heftige, unartikulierte Laute, Gepolter, dann wieder Tür auf, Markus brüllte, Monika begann zu weinen, und all das, noch ehe sie die Treppen hinaufhetzen und dazwischengehen konnte. Doch weder Sohn noch Tochter waren imstande, überhaupt zu sagen, was eigentlich passiert war. Sie wiesen nur beide mit dem Finger aufeinander und behaupteten, der/die andere habe angefangen. Selbst über die Frage, wer denn nun zuerst zu wem ins Zimmer gegangen sei, war keine Einigkeit herzustellen: Markus behauptete, daß er gerade an der Tür vorbeigehen wollte, als Monika diese aufriß und wieder zuknallte. Monika behauptete, Markus habe die Tür aufgemacht, die sie dann zugedrückt habe, und danach sei umgekehrt sie gerade auf dem Weg ins Bad gewesen, als Markus aus seinem Zimmer stürmte, »wie verrückt zu brüllen begann« und Monika irgendwelche bösen Worte an den Kopf warf, so daß diese zu weinen begann. Aber sie war unfähig zu wiederholen, welche Worte das denn waren, nicht eines war ihr im Gedächtnis geblieben.
Am Abend suchte die Mutter den Vorgang erneut zu klären. Noch immer erinnerten sich beide zwar daran, daß da »irgendwas gewesen« war, aber was genau, wußten sie nicht zu sagen – und Frau M. hatte dabei keineswegs den Eindruck, daß die beiden flunkerten oder einfach nur eine Klärung boykottieren wollten.
Frau M. ließ es dabei bewenden und ordnete die Geschichte unter die »üblichen Mysterien der Geschwisterbeziehung« ein. Doch etwa drei Wochen später geschah etwas Merkwürdiges:

Als Monika beim Sonntagsfrühstück über ein Konzert der Gruppe »Take That« erzählte, das sie im Fernsehen angeguckt hatte, sprang Markus plötzlich auf und rief: »Siehst du, jetzt gibst du's zu!« Monika sah ihn erstaunt und verwirrt an, ohne irgendwelche Aggressivität. Markus aber erregte sich immer mehr: »Und neulich hast du mir meine Floppy kaputtgetreten deswegen!«
Monika wurde knallrot und begann zu weinen, wurde zwischendurch plötzlich wieder aggressiv, und nun wäre beinahe eine Handgreiflichkeit daraus entstanden, die der Freund von Frau M., der einige Zeit nach der Scheidung an die Vaterstelle getreten war, nur durch massives Eingreifen verhinderte.
Plötzlich ließ sich die Sache von damals rekonstruieren: Markus hatte, als er nach dem Geplänkel wegen des Fußballspielens die Treppe zu den Zimmern hinaufging, beiläufig gesagt, daß einer der fünf »Take-That«-Jungs »schon wieder 'ne neue Freundin« habe; Monika erinnerte sich allerdings, daß in diesem Zusammenhang auch das Wort »Hurenbock« gefallen sei. Was Markus, schwach freilich nur, dementierte (ganz ausschließen mochte er es nicht, denn »durch das Wortgefecht am Frühstückstisch war die Spannung schon ziemlich auf hundert«). Jedenfalls handelte es sich bei dem Take-That-Sänger, von dem die Rede war, offenbar um denjenen, der Monika ganz besonders gefiel, was Markus wiederum nicht gewußt zu haben behauptete. Die Bemerkung hatte Monika als direkt auf sich gemünzt empfunden, und so ganz ist Frau M. bis heute nicht überzeugt, ob Markus nicht absichtlich einen vergifteten Pfeil abgeschossen hatte. Jedenfalls hatte Monika beabsichtigt, Markus das Geburtstagsgeschenk – ein kleines Armband, das er ihr erst vor zwei Tagen überreicht hatte – vor die Füße zu werfen, war allerdings mit ihm schon zusammengeprallt, als sie die Tür aufmachte, offenbar noch ohne die richtigen Worte für ihn zu haben, und hatte die Türe wieder zugeknallt. Inzwischen war Markus klargeworden, daß er Monika so richtig erwischt hatte,

– mit leicht schlechtem Gewissen – und er machte den Kohl nun damit fett, daß er Monika »zum Beweis« jenen Zeitungsausschnitt bringen wollte, in dem er die Sache mit der neuen Freundin gefunden hatte. Doch als er gerade aus der Tür trat, passierte ihm genau dasselbe wie Monika: Noch bevor er den versöhnlichen Satz, den er bei der Aushändigung des Ausschnittes sagen wollte, parat hatte, lief ihm Monika vor die Füße. Was eigentlich als Geste des Aggressionsabbaus gedacht war, wurde zwischen den beiden nun urplötzlich zum heftigsten Knall, den die Mutter in den letzten Monaten mitbekommen hatte.

Daß die ganze Geschichte nun einigermaßen friedlich rekonstruiert werden konnte, lag wahrscheinlich vor allem daran, daß Monika sich inzwischen von ihrem Take-That-Idol abgewandt hatte (möglicherweise just wegen der Geschichte, die Markus angeschnitten hatte) und sich nicht mehr direkt angegriffen fühlte.

Dennoch schlug nun der Versuch der Mutter und ihres Freundes fehl, den beiden Jugendlichen deutlich zu machen, daß solche Kleinigkeiten doch wohl einen so bösen Streit in keinem Falle wert seien. »Die haben überhaupt nicht zugehört«, stellte Frau M. resigniert fest, »und keinerlei Konsequenzen gezogen. Als wir sie bei einem ähnlichen Anlaß später an diese Episode erinnerten, hatte das nicht den geringsten Einfluß auf den Ablauf des Streits.«

Die »Etappen« dieses Streits lassen sich also leicht festhalten: Ein kleines Wortgefecht am frühen Morgen, das aber nicht ganz ausgetragen, sondern eher als routinierter Schlagabtausch beendet wird; eine spitze Bemerkung, die Markus wohl loswerden wollte, um die Auseinandersetzung im letzten Moment noch zu »gewinnen«, die aber in Monika etwas anrührt, zu dem sie ihrem Bruder auf keinen Fall Zugang gestattet, was dieser aber in dem Augenblick sicher nicht realisiert; Wut bei dem Mädchen, nachdem die beiden erst mal durch den Rückzug in ihre

Zimmer getrennt sind; Versuch Monikas, die Wut durch eine möglichst verletzende Geste abzubauen, was aber nicht sogleich gelingt, weil ihr Markus zu früh über den Weg läuft; Versuch von Markus, seine Bemerkung sozusagen von sich selbst abzukoppeln und auf die »objektive« Ebene des Zeitungsberichts zu verlagern, was Monika aber nicht als Rückzug oder Entschuldigungsgeste auffassen muß (zumal Markus auch noch nicht die passenden Worte dazu gefunden hat), sondern als weitere Infamie, die bisher nur als Beleidigung dastehende Geste in eine »objektive« Tatsache zu verwandeln und ihr damit eine wichtige Komponente ihrer Schwärmerei für den Sänger gleichsam wegzustehlen. Alles in allem schaukelt sich eine eher harmlose morgendliche Kabbelei zu einem haßerfüllten Ausbruch auf.

Daß die Mutter und ihr Freund glaubten, derlei durch Festhalten in der Erinnung künftig zu vermeiden, zeigt dabei, wie wenig sie im Grunde verstanden haben, was und wie sich das Ganze entwickelt und wie wenig steuerbar es ist. Wir richten diese Feststellung gleichzeitig auch an unsere eigene Adresse, denn auch unsere mehr oder weniger hilflose Reaktion auf solche Ausbrüche äußert sich im wesentlichen darin, daß wir die Kinder anzuhalten versuchen, aus dem Stattgehabten »Lehren« zu ziehen – als würde sich in einer emotional so aufgeladenen Situation noch jemand an ›Lehren‹ erinnern.

Viele Eltern berichten uns, am meisten deprimiere sie, daß der Streit »oft wegen eines Fliegenschisses an der Wand entsteht«, wie Wilma B. plastisch formuliert, als ihr Oliver, damals acht Jahre alt, wieder einmal mit dickem Gesicht auf der Treppe sitzt und seine zehnjährige Schwester Julia nicht vorbeilassen will: »Weil ich nicht mag und weil sie blöd ist. Und weil sie nicht so gucken soll.«

Oft entsteht Streit mitten aus einem scheinbar harmonischen Beisammensein oder Spiel heraus. Natürlich sind Verlierer beim Mensch-ärgere-dich-nicht oder auch beim Fußball nicht selten aggressiv und daher leicht geneigt, nun dem anderen seine »Schwäche« in anderen Dingen vor Augen zu führen, meist mit Worten, mitunter aber auch mit Taten. Wer seine Kinder beim häuslichen Beisammensein oder auch im Kindergarten, auf dem Spielplatz oder beim Sport aufmerksam beobachtet, erkennt mitunter schon aus der allmählichen Veränderung der allgemeinen Tonlage, wann Streit droht. Die Stimmen werden etwas lauter, gepreßter, oft auch höher, Wiederholungen ein- und desselben Wortes häufen sich, meist rein affirmative Vokabeln wie »dochdochdochdoch« oder »neinneinneinnein« sind zu hören, dann fallen Schimpfwörter, und schon liegen die Beteiligten mitten im Streit. Eltern mit einigermaßen musikalischem Gehör sind meist schon in der zweiten, spätestens dritten Phase – der Phase der Wortwiederholungen – hellwach, und manche schreiten bereits ein, wenn sich der Lärmpegel nur geringfügig über das bisherige Niveau erhebt. Viele Erwachsene haben gelernt, daß das Auftreten von Streit auch etwas mit der momentanen physischen Situation der Kinder und Jugendlichen zu tun hat: Meldet sich das Schlafbedürfnis, ergibt sich Streit schon nach winzigsten Störungen, auch Hunger kann die Aggressivität fördern.

Bei all dem darf allerdings auch nicht unterschätzt werden, wie oft Eltern selbst Streit auslösen oder fördern. Wenn wir beide nach einem heftigen Streit unter unseren Töchtern später, in deren Abwesenheit, darüber sprechen, wie es dazu gekommen ist, finden wir nicht selten, daß unsere Eingriffe oder auch gewisse Vorgaben entweder das Ereignis überhaupt erst provoziert oder jedenfalls die Heftigkeit, Dauer oder Richtung mitbestimmt haben. Die Kinder sitzen noch relativ friedlich am Frühstückstisch, da entdeckt die Mutter, daß Rebecca für das kühle Wetter zu leicht angezogen ist. Rebecca ärgert sich, doch die Kleiderfrage muß nun mal geregelt werden: Die eine Bluse scheitert am Veto der Mutter, weil sie angeblich unordentlich

aussieht, die andere geht Rebeccas Ansicht nach nicht, weil sie kratzt, eine weitere sieht fast genauso aus wie die ihrer Busenfeindin Duana, und eine vierte ist schließlich zu eng. Doch während noch alles nach einem alltäglichen Dialog zwischen Mutter und Tochter aussieht, mischt sich Jessica ein, sie habe schließlich auch Jeans und eine Jacke an – und schon ist der Teufel los: »Du sei mal still«, und: »Im übrigen warst du heute früh in meinem Zimmer, ohne daß ich es dir erlaubt habe!« – »Ich – nein, überhaupt nicht.« – »Doch, du lügst ja nur.« – »Papi, du hast doch gesehen, daß ich aus meinen Zimmer runtergegangen bin, um die Katze rauszulassen ...« – »Stimmt.« – Rebecca heult los: »Aber ich meine gar nicht da, wo sie mit der Katze runter ist, sondern vorher, wo ich auf dem Klo war ...« – »Zumteufelnochmal«, sucht Mutter das Gespräch wieder auf den Punkt zu bringen, »ihr müßt doch jetzt gleich in die Schule, also was willst du anziehen?« – »Das, was ich anhabe.« – »Aber das geht nicht, das ist zu leicht für dieses Wetter und außerdem dreckig ...« Und die ganze Chose geht von vorne los.
Natürlich wäre es die einfachste Lösung, Garderobenfragen schon am Tag zuvor zu erledigen, etwa indem die schmutzige Bluse in die Wäsche geworfen wird; Pustekuchen, alle Versuche in dieser Richtung sind gescheitert: Rebecca holt die Bluse wieder aus dem Wäschekorb oder beginnt einen Riesenkrach, wenn sie am nächsten Morgen nach dem Waschen noch nicht trocken ist, »indem daß dies die einzige Bluse ist, in der ich gut turnen kann.« Eine andere Möglichkeit, nämlich die Kleiderfrage unter vier Augen im Zimmer der jeweiligen Tochter zu lösen, verhindert nicht, daß die modebewußtere Jessica die Farben bei der Garderobe der anderen nicht zueinander passend findet oder sonstige Einwände hat – meist mit unschuldiger Miene, aber jedenfalls treffsicher. Der Krach läßt nicht auf sich warten. Die einzige wirklich funktionierende Lösung ist, gar nichts über die Kleiderordnung zu sagen – offenbar vergessen sie dann den morgendlichen Streit, mitunter jedenfalls. Wie es

scheint, sind Auslöser wirklich wichtig, und fehlen sie, aktiviert sich manchmal das Streitpotential einfach nicht, wie bei einem Blindgänger.

Wir haben versucht, daraus zu lernen und derlei Punkte zu umschiffen.

Xenia zum Beispiel wünscht, wenn sie vom Gymnasium nach Hause kommt, nicht über die Schule zu sprechen – mal abgesehen davon, daß sie überhaupt nicht gerne davon spricht. Doch fast automatisch kam lange Zeit seitens des Vaters die Frage, wie es denn heute gewesen sei, was gemacht worden sei, ob es Klassenarbeiten gegeben habe und ob sie Probleme habe. Und schon gingen die Jalousien herunter. Als Eltern fühlen wir uns natürlich in gewisser Weise verpflichtet, uns zu informieren, zumal Xenia gegen Schuljahresende in Mathematik schon einmal sehr stark nachgelassen hatte und wir das erst relativ spät mitgekriegt haben.

Nun haben wir uns also zurückzuhalten begonnen, fragen jedenfalls nicht gerade beim Mittagessen nach, haben eingesehen, daß Xenia als die Älteste offenbar die Schule als eine Art Privatraum betrachtet, den sie sich erhalten möchte, einen der wenigen, den sie innerhalb der Familie hat; vielleicht auch, weil Rebecca, die jüngste, immer mit Superzensuren nach Hause kommt und damit unausgesprochen als Vorbild gilt, auch wenn wir das zu vermeiden versuchen. Wir haben das freilich erst erkannt, als auch die zweite, Jessica, sich im Hinblick auf die Schule ähnlich wie Xenia zu verhalten begann. So beschlossen wir eines Tages, uns bei unseren Töchtern jedenfalls nicht mehr in Gegenwart der anderen nach der Schule zu erkundigen.

Das klappte einige Tage. Doch dann begannen die beiden jüngeren Schwestern, Xenia über den Schultag auszufragen. Erfolg: eine regelrechte Explosion bei Xenia, und zwar sowohl gegen die Schwestern als auch gegen uns. Nun wissen wir ja wie gesagt inzwischen, daß derlei zu erwarten ist, haben aber das Gefühl, Xenias allzu heftigen Ärger dämpfen zu müssen. Und

das ist natürlich ganz und gar nicht leicht, nicht selten kommt es dann zu Tränen und Türenknallen.
Das schlechte Beispiel des Vaters, Xenia auszufragen, hat offenbar eine regelrecht vergiftete Atmosphäre geschaffen – die den beiden jüngeren Schwestern offenbar gerade recht kommt, wenn sie die ältere Schwester ärgern wollen; verzichtet der Vater nach einem Lernprozeß bewußt darauf, diese Atmosphäre aufzubauen, sorgen sie eben selbst durch Nachahmung dafür, daß sie auftritt. Außerhalb der Schulzeiten, vor allem in den Ferien, kommen derlei Explosionen am Mittagstisch viel seltener vor.
Aber auch umgekehrt entsteht Streit oft unvermutet, weil die Kinder eine gespannte Atmosphäre – etwa zwischen den Eltern – spüren, der sie auszuweichen oder die sie gar abzubauen versuchen, und damit nun bei den Erwachsenen von ihnen nicht vorhergesehene Reaktionen auslösen. Diese wiederum haben desto nachhaltigere Wirkung, je unverständlicher sie für sie sind. Und ihren Unmut, ihre Unsicherheit oder ihr Erschrecken laden sie dann oft nicht bei den Eltern ab, sondern bei den Geschwistern, und zwar in Form gnadenloser Streitereien um Banalitäten.
»Ich weiß überhaupt nicht mehr, worum es ging«, sagte Jessica einmal etwa eine Woche nach einem handfesten Krach unter den drei Schwestern, »aber irgendwie hatten wir den Eindruck, daß irgendwas ganz Schlimmes drohte.« Und sie hatte recht: Es hatte bei den Eltern beruflich einige böse Überraschungen gegeben, die wir aber gerade vor den Kindern geheimzuhalten versucht hatten, weil wir sie damit nicht auch noch belasten wollten.
Mitunter kommt solche Dauer-Streitsituation dann aber auch zu einem überraschenden Ende: »Manchmal habe ich erst an den Kindern und ihrer Streitlust gemerkt, wie sehr die Atmosphäre zwischen meinem Mann und mir gespannt war und daß wir dies ganz zu verdrängen gesucht haben«, berichtet uns An-

nelise K.: »Die Kleinen haben schon mit fünf, sechs Jahren begonnen, sich zu verkriechen, wenn Spannung im Haus war, und meist haben sie dann wenig später untereinander gestritten.« Viel daran zu ändern vermochte sie allerdings, wie sie zugibt, trotz dieser Erkenntnis nicht: »Der Streit zwischen unseren Kindern, drei an der Zahl und mit zwei beziehungsweise drei Jahren Altersunterschied, brach auch dann aus, wenn ich die Spannung zwischen meinem Mann und mir sogleich zugab. Es war wie ein Unwetter, es mußte einfach sein. Und am Ende hatte im Grunde jeder von uns recht, wenn er dem anderen an den Kopf warf, er habe doch angefangen: Es war gleichgültig, einer war es immer, und im Grunde habe ich dann gelernt, dem dankbar zu sein, der als erster losgekracht hat, weil dann irgendwann schon der Ermüdung wegen ein Ende abzusehen war.«
Als wir diesen Brief lasen, dachten wir eigentlich, irgendwo weiter unten werde dann stehen: »Inzwischen ist unsere Ehe geschieden«, oder zumindest: »Wir leben heute getrennt.« Doch Frau K. versichert, daß ihre Ehe »eigentlich trotz alledem prima« sei, daß sie einander mögen – und daß ihre Kinder, mittlerweile alle außer Haus, »viel öfter bei uns vorbeischauen als die anderer Leute«. Auch wenn Streit aus familiären Situationen heraus entsteht, scheint er sich keineswegs negativ immer auf den familiären Zusammenhalt auszuwirken. Was nicht heißen soll, daß man jedem Streit einfach seinen Lauf lassen sollte. Aber es könnte immerhin ein gewisser Trost sein für alle, die die Erfahrung gemacht haben, daß er in vielen Fällen eben nicht zu verhindern ist – genau wie wir selbst.

»Ich weiß gar nicht mehr, worum es ging«

Warum Streit entsteht

Zur Vorbereitung dieses Buches haben wir einige Dutzend Kinder und Jugendliche um kleine Aufsätze oder Statements gebeten über das Thema, warum sie mit ihren Geschwistern, Freunden oder Freundinnen und den Eltern in Streit geraten. Es zeigte sich, daß kaum jemand wirklich weiß, warum er streitet. Sicher, bei Jugendlichen im Pubertätsalter stehen vor allem zwei Themen im Vordergrund: zum einen die Beziehungen zum anderen Geschlecht, die sowohl in der Auseinandersetzung mit Geschwistern und Freunden wie mit den Eltern nicht selten Streitcharakter annehmen; zum andern die Frage zuzugestehender Freiheiten wie abendliches Ausgehen samt der Frage, wie lange, wohin etc. Doch genauere Gründe als: »Weil der/die mich immer ärgert« – »weil der/die mich damit aufzieht« – »weil der/die immer eifersüchtig ist«, oder: »weil die Alten überall ihre Nase reinstecken müssen«, konnten die wenigsten nennen. Offenbar empfinden Kinder und Jugendliche weniger den äußeren Grund oder den Anlaß einer Meinungsverschiedenheit, sondern vielmehr das Gefühl des Ärgers selbst als den »Grund« für einen Streit: »Ich hab mich einfach über den geärgert«, war die häufigste Antwort, und es dauerte meist sehr lange, bis die Mädchen und Jungen sich einigermaßen klar wurden, daß es irgendwo doch auch einen handfesteren, einen äußeren oder tieferen Grund geben muß, wenn einer losschreit oder gar handgreiflich wird.

Besonders deutlich wurde dieser Umstand, als wir uns mit einigen der Verfasser und Verfasserinnen zusammensetzten und nachfragten: In mehr als der Hälfte der Episoden, die die Kin-

der und Jugendlichen selbst als Streit bezeichneten, der ihnen in Erinnerung geblieben ist, konnten sie nur mühsam rekonstruieren, was eigentlich der Grund dafür war, und häufig war diese Rekonstruktion sogar ganz unmöglich.
Je weiter der Streit zurückliegt, desto weniger ist der Grund noch erkennbar. Man könnte dieses Phänomen damit erklären, daß die Erinnerung eben langsam verblaßt, wäre da nicht dieser merkwürdige Gegensatz, daß viele Jungen und Mädchen sich ausgesprochen präzise an alle sonstigen Details und Umstände des Streites selbst erinnern konnten. Sie wußten oft ganz genau, an welchem Tag der Streit stattgefunden hat, manchmal erinnerten sie sich an das Wetter oder daran, welche Kleidung sie an dem Tag trugen, und oft hatten sie keinerlei Mühe, den Höhepunkt des Streits fast wörtlich wiederzugeben, etwa die gefallenen beleidigenden Worte oder die Androhung oder Realisierung von Handgreiflichkeiten seitens der Freunde/Freundinnen oder der Eltern. Doch an den Grund des Streits erinnern sie sich meist nicht mehr, und wenn sie einen angeben, dann wechseln sie im Laufe der Erzählung oft mehrere Male die Version.
Auszug aus einem Aufsatz:
»Ein Streit, der mir immer im Gedächtnis geblieben ist, fand an einem ganz warmen Tag im Oktober statt, wo wir alle noch draußen im Freien waren. Da hat meine größere Schwester mich als dumme Kuh beschimpft und an den Haaren gezogen, und dann sind meine Eltern gekommen, und wir beide mußten auf unsere Zimmer. Danach haben sie uns wieder in die Küche geholt und wollten rausbringen, was da passiert war. Da hat meine Schwester wieder zu schreien angefangen, und dann habe auch ich geschrien, aber sie hat angefangen. Da wollte mein Vater wissen, warum wir eigentlich streiten. Aber bis ich es sagen konnte, hat meine Schwester es schon gesagt, aber falsch hat sie es gesagt, und dann wollte ich sagen, wie es wirklich war, und da hat mein Vater gesagt, daß das, was ich da sage, gar nicht stimmen könnte, weil ich vorher was anderes gesagt

hatte, und das stimmte auch, aber ich war so in Wut, und es war mir auch ganz gleich, weil meine Schwester mich immer angeschrien hat. Dann sind wir wieder in unsere Zimmer gegangen, und meine Mutter ist gekommen, und ich habe ihr alles erzählt, aber sie hat das gar nicht verstanden, sie hat immer nur gesagt: Aber das ist doch gar kein Grund gewesen. Und ich habe ihr immer mehr von meiner Schwester erzählt, aber meine Mutter hat immer nur gesagt, sie weiß das ja alles, aber sie will wissen, worum es an dem Tag gegangen ist, und am Ende habe ich das selbst nicht mehr gewußt.«

Natürlich könnten wir nun annehmen, daß das Mädchen nach all den elterlichen Verhören und der offenbar geschickten Gegenstrategie der Schwester am Ende total verwirrt war. Doch der Satz: »Ich weiß eigentlich gar nicht mehr, worum es ging«, kommt in mehr als zwei Drittel aller Streitschilderungen vor.

Das legt den Schluß nahe, daß Streit von vielen Jugendlichen als eine Art Naturereignis empfunden wird, das mehr oder minder über einen hereinbricht, dessen Gründe aber weitgehend im Dunkeln liegen. Und vielleicht haben sie damit gar nicht so unrecht. Es geht ja auch uns Erwachsenen nicht selten so. Wenn wir beide uns an Streit erinnern, können wir zwar durchaus oft noch nähere Umstände nennen und, vor allem, ziemlich genau darstellen, an welcher Stelle und wodurch wir uns im Laufe dieses Streits verletzt fühlten. Aber den Streit zu seinem Beginn zurückzuverfolgen und zu klären, worin denn der Grund dafür lag, gelingt auch uns nur selten.

Dennoch muß es diese Gründe natürlich geben. Allerdings sind nicht wenige Verhaltensforscher der Meinung, daß Streit häufig ohne konkreten Grund entsteht, sondern eher dazu dient, latente, über längere Zeit aufgebaute Aggressionen abzulassen. Aggressionen, die überhaupt nichts mit dem Gegenstand des Streits oder dem Gegenüber zu tun haben müssen. Nobelpreisträger Konrad Lorenz zum Beispiel hat gerne seine Tante zitiert, die alle sieben, acht Monate einen Streit mit ihrer Putzfrau vom Zaun brach und diese dann feuerte, um die danach eingestellte zunächst über den grünen Klee zu loben – bis sie, nach ziemlich genau derselben Zeit wie bei ihrer Vorgängerin, erneut im Streit von ihr schied. Lorenz deutet dies als eine Art »Auffüllung des Aggressionspotentials«, das dann irgendwann überquillt, nach Abfuhr sucht, um danach wieder Kapazität zur zeitlich ziemlich genau geordneten Wiederauffüllung zu erlangen. Sind wir also irgendwie alle zum Streiten verurteilt, um danach für eine Weile wieder ruhiger leben zu können? Oder, auf unsere eingangs gestellte Frage bezogen: Liegt der Grund für Streit vielleicht gar nicht in irgendwelchen konkreten Differenzen mit dem Gegenüber, sondern in einer Art sich selbst erneuernder Energie, die sich dann wie ein Blitz aus heiterem Himmel in dem Augenblick entlädt, in dem die entsprechende Spannung erreicht ist?

Tatsache ist jedenfalls, daß sich viele Menschen nach einem handfesten Streit wieder wesentlich wohler fühlen – auch wenn sie ihn im Grunde fürchten und gerne vermeiden würden. »Ich weiß nicht mehr, worum es ging«, schreibt eine Vierzehnjährige in ihrem von uns erbetenen Aufsatz, »aber ich weiß noch, daß es mir danach viel besser ging. Endlich hatte ich mal alles gesagt, was mir schon lange auf die Nerven gegangen war.«

Hier muß man also wohl den oberflächlichen Anlaß von der tieferen Ursache trennen: Anlaß oder Auslöser kann eben der bereits zitierte »Fliegenschiß an der Wand« sein, während die Ursache dafür etwa der Ärger über lange aufgestaute Demütigungen, Verzichte, Frustrationen ist. Beides hat damit zu tun, warum der Streit entsteht – gäbe es keine Ursache, käme es nicht zum Streit, und böte sich kein Anlaß oder Auslöser, wäre er zumindest verschoben. Für viele Menschen ist dann der Anlaß relativ nebensächlich, während die Ursache mit dem Streit abgebaut wird (oder man sie jedenfalls abzubauen sucht).

Um Streit zu vermeiden, müßte man demnach entweder die

Ursache beseitigen, ehe es zum Streit kommt – oder eben keinen Anlaß, keinen Auslöser bieten.
Doch gerade diese beiden Lösungen scheinen kaum zu funktionieren, jedenfalls bringen sie in der Praxis nur sehr selten tatsächlich Entlastung. Bei der zweiten Version ist das leicht einsehbar – der Entzug von Auslösern oder Anlässen verschiebt das Streitbedürfnis nur zeitlich, ohne es abzubauen, ja, es läßt das Aggressionspotential, wenn wir von einem solchen ausgehen, noch weiter anwachsen.
Mit dem ersten Vorschlag, die Ursache zu beseitigen, kommt man aber meist nicht sehr weit. »Xenia bemüht sich ja immer wieder, und manchmal nimmt sie den Grund fürs Streiten weg, bevor wir zum Streiten kommen«, sagt Jessica, doch dann setzt sie hinzu: »Aber Papi, warum werd ich dann noch ärgerlicher?«
Die einfachste Erklärung wäre: Xenia hat nicht die Ursache für den Streit aus dem Weg geräumt, sondern nur den Anlaß »weggenommen«. Doch die Erklärung greift nicht ganz: Jessica meint, sie wisse oft selber gar nicht, was sie gegen Xenia habe, weder sei etwas Bestimmtes vorgefallen, noch habe es Zwistigkeiten gegeben. Aber dennoch...
Lädt Jessica ihren Zorn, den sie aus anderen Lebensbereichen anstaut, auf ihre Schwester ab – etwa Frust in der Schule, Ärger mit ihrem Freund? Sicher kommt das nicht selten vor. Doch auch da haben wir nach eifrigem Nachdenken nicht wenige Fälle gefunden, wo weder außerhäuslicher noch interner Ärger anstand und die Schwestern trotzdem überaus streitlustig gegeneinander waren.
Ist es vielleicht die Tatsache, daß wir alle durch die Familie aneinander gebunden sind? Geht der/die eine dem anderen einfach durch die täglich erzwungene räumliche Nähe auf die Nerven? Sind wir Menschen vielleicht ein bißchen wie Katzen, die zwar gerne mal schnurren und Nähe und Wärme suchen, die aber immer auch ihr eigenes Territorium benötigen, in das kein anderer eindringt, sonst werden sie aggressiv gegeneinander?

Kein Zweifel, da ist was dran. »Manchmal«, sagt Jessica, die von unseren drei Töchtern am stärksten »italianisiert« und daher imstande ist, Unmut sofort und konkret da zu formulieren, wo er entsteht, »manchmal nach der Schule, wenn wir ins Auto eingestiegen sind, warte ich regelrecht drauf, daß Rebecca das tut, was sie immer tut, um mich darüber zu ärgern.« Rebecca nämlich hat die Angewohnheit, Jessica vom Rücksitz aus dies und das zu fragen, Jessica aber möchte ihrerseits dies und das loswerden. Da der jeweilige Fahrer – die Mutter oder der Vater – in solchen Fällen eine gewisse Reihenfolge herzustellen versucht, verlagert Jessica das Thema flugs auf eine andere Ebene, sofern nicht sie es ist, die zuerst redet: »Rebecca kreischt mir immer so ins Ohr«, behauptet sie – was so nicht zutrifft, aber natürlich muß Rebecca, wenn sie hinten sitzt und man sie daher nicht immer gut verstehen kann, etwas lauter sprechen und sich dabei nach vorne beugen. Und schon gibt es Streit. Rebecca behauptet, gar nicht geschrien zu haben, Jessica ruft: »Dochdochdochdoch«, und schreit nun selber um so lauter.

Mitunter fällt uns nichts Besseres ein, als beide zum Schweigen zu verdonnern – was aber meist auch keine Entspannung bringt, denn nach fünf Minuten fängt eine der beiden doch wieder an, etwas zu sagen, sofort mit lauter Stimme von der anderen zurechtgewiesen mit dem Hinweis auf das verhängte Silenzium. Und der Streit hangelt sich dann an Dialogen wie dem folgenden entlang:

Rebecca: »Ich wollte ja nur wissen ...«
Jessica: »Du sollst deinen Mund halten, Papi hat's gesagt.«
Rebecca: »Aber ich muß doch ...«
Jessica: »Siehst du, dauernd redet sie ...«
Vater: »Aber geschrien hat sie jetzt nicht.«
Jessica: »Aber sie soll ruhig sein.«
Vater: »Willst du denn nicht mit ihr reden?«
Jessica: »Nein.«
Rebecca: »Ich rede ja gar nicht mit dir, sondern mit Papi.«

Jessica: »Papi hat gesagt, daß wir beide still sein sollen.«
Rebecca: »Aber ich will doch nur wissen ...«
Jessica: »Du sollst still sein ...«
Gottlob sind wir an dieser Stelle meist zu Hause angekommen, und fürs erste ist der Streit erledigt, wenn sich jede in ihr Zimmer verzieht. Was nicht ausschließt, daß es zehn Minuten später beim Essen von vorne losgeht, wenn Jessica den Dialog, der sich im Auto zugetragen hat, der Mutter erzählt und Rebecca weinend alles dementiert ...
Wir haben die verschiedensten Möglichkeiten ausprobiert: Beide getrennt von der Schule abholen, beide gleich zu Hause voneinander trennen, das Essen sofort auf den Tisch stellen (es könnte ja sein, daß Hunger die Streitlust allzu sehr befördert), oder aber erst nach einer »Abkühlungspause« von einer halben Stunde servieren – nichts hat's genützt. In der Zwischenzeit versucht Rebecca, bei Jessica im Zimmer vorbeizuschauen und ihre Fragen anzubringen, und der Streit explodiert genauso wie ansonsten im Auto.
Die ältere Schwester Xenia, die andere Schulzeiten hat und daher seltener mit den beiden gemeinsam im Auto sitzt, steht den beiden dennoch nur wenig nach. Bei ihr entzündet sich der Mißmut leicht am Mittagstisch, und zwar unabhängig davon, ob man sie etwas fragt (was sie schon gar nicht liebt) oder nicht: Plötzlich fährt sie die ihr gegenübersitzende Rebecca an: »Schau nicht so blöd!« Oder sie muß etwas an Jessicas Frisur herummäkeln (letzteres auch schon morgens vor der Abfahrt zur Schule ein beliebtes Thema). Im Laufe der Zeit hat besonders Jessica gelernt, derlei zuvorzukommen, indem sie den Spieß umdreht und irgend etwas zu Xenia sagt, von dem sie weiß, daß diese darauf ärgerlich reagiert, beispielsweise etwas Negatives über einen Lehrer, den Xenia besonders gerne hat, oder über ihr Lieblingspferd.
Kommt solcher Streit etwa vom Schulstreß? Von der langen Zeit, die sie stillsitzen müssen (in Italien noch länger als in

Deutschland, weil es hier den ganzen Vormittag allenfalls eine zehnminütige Pause gibt)? Mag sein. Doch dieselben streitsüchtigen Dialoge entwickeln sich auch bei anderen Anlässen. Etwa nach dem Sport, wo man glauben sollte, motorischer Bewegungsdrang sei in ausreichendem Maße abreagiert worden. Oder nach dem Fernsehen – und zwar gleichgültig, ob sie einen spannenden Spielfilm oder eine ruhige Sendung mit der Maus, ein Reitturnier oder eine Varietéshow gesehen haben. Hier gibt es weder die Pflicht zum Stillsitzen (Werbeunterbrechungen bieten im italienischen Fernsehen alle paar Minuten die Gelegenheit, aufzustehen und herumzulaufen), noch, umgekehrt, körperlich ermüdender Sport. Fernsehen verbieten? Auch dann gibt's Krach untereinander, vielleicht, um die Enttäuschung abzureagieren. Auch die Aussicht auf künftiges Fernsehverbot nach Streitereien hat sich als Fehlschlag erwiesen.

Das Fernsehbeispiel ist weiterer Vertiefung wert: Xenia verzieht sich, wenn sie eine bestimmte Sendung sehen will, ins väterliche Arbeitszimmer, Jessica und Rebecca setzen sich ins Wohnzimmer, sofern die Eltern nicht gerade aus beruflichen Gründen etwas anderes sehen müssen. Doch offenbar wurmt es die beiden unten im Wohnzimmer dann mächtig, daß Xenia im ersten Stock fernsieht, und so nehmen sie diverse Ausreden zum Vorwand, um bei ihr zu stören. Mal müssen sie »dringend« etwas aus dem Zimmer holen, mal sich oben im Bad die Hände waschen und dazu durchs Arbeitszimmer gehen. Dabei wissen sie genau, daß Xenia allergisch reagiert, wenn sie etwas fragen, gleichgültig, ob sie unten denselben Film sehen und daher nur wissen wollen, ob er Xenia auch gefällt, oder ob sie ihr schnell mal erzählen wollen, was bei ihnen passiert, oder erfahren wollen, ob der Film, den Xenia sieht, spannender ist als das, was sie unten gucken. Insofern sind für uns die in Italien extrem häufigen Werbeunterbrechungen ein regelrechter Alptraum, wissen wir doch, daß nun mit großer Wahrscheinlichkeit wieder ein »Besuch« stattfindet.

Im übrigen stören nicht nur die beiden Jüngeren Xenias Fernsehidylle, auch Xenia kommt, wenn die beiden anderen längere Zeit nicht aufgetaucht sind, um sie zu ärgern, ins Wohnzimmer herunter, um etwas zu fragen – und wird von Rebecca sofort mit einem wütenden »Man versteht überhaupt nichts mehr« empfangen.

Fazit: Streit entsteht offenbar aus so vielen verschiedenen Gründen, daß man sie kaum präzise voraussagen und noch weniger zuverlässig vermeiden kann. Er entsteht aus irgendeinem Grund – genausogut aber auch aus dem gegenteiligen, und meist auch noch dann, wenn dieser Grund längst behoben ist.

Dies gilt im übrigen auch noch, wenn man zum naheliegenden Mittel greift und zumindest all das zu umschiffen trachtet, was sich bekanntermaßen häufig zum Streitpunkt entwickelt. Normalerweise etwa reagieren alle unsere drei Töchter höchst unmutig, wenn eine der anderen unerlaubt ihr Zimmer betritt, weshalb in unserer Familie die Regel gilt, daß vorher angeklopft bzw. gefragt wird. Allerdings kann es leicht geschehen, daß Jessica von Xenia getadelt wird, weil sie sich das, was sie brauchte, nicht aus ihrem Zimmer geholt hat, oder daß Jessica ausdrücklich erklärt, sie habe nichts dagegen, wenn Rebecca in ihr Zimmer komme, »wenn sie mir nichts wegnimmt« – was Rebecca noch nie getan hat, was aber, würde sie diese »Erlaubnis« in die Tat umsetzen, von Jessica sogleich unterstellt würde.

Mag der Teufel verstehen, wie und warum das alles so ist, wie es ist. Natürlich bietet der bereits angesprochene Klaustrophobie-Effekt durch das relativ enge Zusammenleben im Haus eine Erklärung – eine Lösung des Problems ist dadurch jedoch nicht in Sicht. Denn zumindest in der heutigen Massengesellschaft ist derlei unvermeidlich – nicht nur in den engen vier Wänden. Die Kinder sitzen in der Schule auf engstem Raum und alles andere als freiwillig nebeneinander, müssen aufeinander Rücksicht nehmen, können Aggressionen keineswegs dort ablassen, wo sie entstehen. Versuche, die Schule in dieser Hinsicht zu »humanisieren«, sind bisher allesamt gescheitert, wenn es auch einige Schulversuche gegeben haben mag, die diese Probleme besser in den Griff bekommen haben. Allerdings hat sich auch bei diesen im nachhinein herausgestellt, daß die Berichte darüber meist herzlich geschönt waren (teils, um die Fortführung der Projekte nicht zu gefährden), und abgesehen davon sind diese Versuche unter keinen Umständen auf die Massenschulen übertragbar, zu denen die Gesellschaft unserer Tage notgedrungen greifen muß, will sie allen Kindern eine Bildungsgrundlage vermitteln.

Auch in anderen Bereichen agieren oft viele Menschen in räumlicher Beengtheit – im Arbeitsleben sowieso, aber auch im Freizeitbereich, etwa im Sportverein oder in der Schrebergartenkolonie: die Gruppen als ganze kann man sich zwar häufig aussuchen, doch dann kommt man dort immer wieder mit einzelnen Menschen zusammen, die man weniger mag. Die Alternative heißt dann nicht selten Vereinswechsel, wobei viele im nächsten Club dieselbe Erfahrung machen.

Anders gesagt: Natürlich läßt sich grundständige Streitlust bei Kindern wie bei Erwachsenen auf bestimmte gesellschaftliche Umstände oder die konkrete Lebenssituation der Familie als ganzer ebenso wie die der einzelnen Familienmitglieder zurückführen. Da diese Umstände aber in der Regel nicht oder höchstens marginal zu ändern sind, präsentieren sie sich uns faktisch wie Naturgegebenheiten – und die entstehende Aggression erscheint überwiegend so unvermeidbar, als wäre sie ein Naturtrieb.

Das ist selbstverständlich kein Freibrief dafür, sich nun einfach gehen zu lassen, Streit als unkalkulierbare Himmelsmacht anzusehen und einfach verbal oder physisch aufeinander einzudreschen, wie es einem gerade in den Sinn kommt. Doch es bedeutet auch, daß viele Ratgeber, die Streit als prinzipiell vermeidbar darstellen, den solcherart Beratenen eine heile Welt vorgaukeln und Versprechen aufbauen, die nie einlösbar sind, nach dem Motto: Wenn du dies oder jenes tust oder läßt, herrscht in deiner Familie eitel Harmonie und Sonnenschein. Es bedeutet, daß Streit, zumindest unter den gewöhnlichen Lebensumständen, unvermeidlich ist; es bedeutet aber nicht, daß Streit sich grundsätzlich nicht kanalisieren ließe. Vielleicht nicht immer – etwa wenn der Streit dazu dient, Abstand zu gewinnen – aber in vielen Fällen.

Beliebte Streitfiguren

und die passenden Retourkutschen
Ein Exkurs

Streit ist seit der Antike ein beliebter Gegenstand von Forschungen, Darstellungen und Empfehlungen: die griechischen Rhetoren behandelten ihn ebenso kunstvoll wie Cicero oder Quintilian im alten Rom; im Mittelalter griffen Isidor von Sevilla, Alkuin oder Beda venerabilis auf hochentwickelte Formen der Auseinandersetzung zurück; der Humanismus Petrarcas, Salutatis, Machiavellis oder des Erasmus von Rotterdam sah in der Entwicklung von Streit geradezu das Lebenselixier der »studia humanitatis«; zur Vollendung gebracht wurde er dann im deutschen Idealismus von Hegel; auf den Kopf gestellt, aber immer noch als Grundmovens der Geschichte empfunden von Marx in seiner materialistischen Dialektik; alsbald erneut aufgegriffen dann gleichzeitig vom elitären bourgeoisen Neuhumanismus und vom sozialistischen Humanismus seit Beginn des 20. Jahrhunderts. Gemeinsam ist jedoch allen philosophischen Denkrichtungen, daß sie letztlich um sich selbst kreisende, sich selbst bestätigende Systeme geschaffen haben, ohne jede Chance, Vertreter entgegengesetzter Denkrichtungen zu überzeugen. Aus der Kunst der Darlegung des eigenen Standpunkts, als die die Rhetorik geboren wurde, entstand zumeist schon nach kurzer Zeit eine Art Abkapselungsstrategie gegen die eventuelle Überzeugungsarbeit der anderen Seite, mitunter auch lediglich eine Taktik, den Gegner mit Seitenhieben unterhalb der Gürtellinie am Vorbringen der eigenen Argumente oder der Verfolgung seiner Strategie zu hindern.
Das alles ist im täglichen Leben und ganz ohne die Wissen-

schaft von der Beredsamkeit auch nicht anders. Viele Streitfiguren werden gar nicht in erster Linie zu dem Zweck angewendet, in der Sache recht zu bekommen, sondern lediglich dazu, dem anderen den »Sieg« zu nehmen oder jedenfalls selbst nicht »geschlagen« vom Feld zu gehen – gleichgültig, ob es sich bei dem Streit um wirklich Ehrenrühriges oder nur um den schon erwähnten »Fliegenschiß« handelt. Und oft hat man gar den Eindruck, der Kampf sei desto zäher, je geringfügiger der Grund und je unbedeutender der Anlaß ist. Nachfolgend ein paar ganz besonders beliebte Streitfiguren:

Beginnen wir mit der »grundehrlichen Art«: *»Also, was mir überhaupt nicht paßt ...«*
Hier ist anzunehmen, daß es demjenigen, der die Auseinandersetzung sucht, wirklich um die Bereinigung eines Steitpunktes geht, und daß er diesen auch benennt: Hervorragende Voraussetzung für eine »anständige« Behandlung des strittigen Falles ..., wenn – ja, wenn dabei tatsächlich das zur Sprache kommt, was einem nicht paßt. Doch leider, leider dient derlei oft nur der Vernebelung anderer Dinge, die man aber nicht aussprechen möchte, weil man instinktiv spürt, damit auf wenig Verständnis zu stoßen, beim Gegner sowieso, vor allem aber auch bei den andern Mitmenschen. So zum Beispiel der Vater, der einen Streit über den Kleidergeschmack der Tochter vom Zaun bricht, im Grunde aber sich nur über die neuerliche Geldverschwendung ärgert; die Mutter, die der Freundin des Sohnes Unhöflichkeit nachsagt, aber eigentlich doch nur Angst um den Verlust ihres Kindes hat; die Tochter, die den Eltern vorwirft, daß sie sich in ihre Angelegenheiten einmischen, die aber damit nur ihre eigene Unsicherheit gegenüber der etwas undurchsichtigen Einladung ihres neuen Freundes verdeckt; der Bruder, der seine Schwester wegen deren lauter Disco-Musik beschimpft, im Grunde aber nur verhindern will, daß sie ihn um die längst überfällige Rückgabe von hundert Mark angeht, die

er von ihr geliehen hat – sie alle suchen Widerworte über ein wohlgesetztes »Mag ja sein, aber was mir einfach überhaupt nicht paßt …« in die ihnen genehme Richtung zu lenken – und damit weg von der Ebene, die der andere eigentlich möchte oder bräuchte.

»Ich sag nur, wie's ist.«
Varianten: »Ich darf doch wohl noch sagen, wie ich das meine«, und: »Man wird sich ja wohl noch Gedanken machen dürfen.« Eine Figur, die das Gegenüber meist zur Weißglut reizt. Natürlich hat keiner was dagegen, daß der andere sagt, was er meint. Doch wenn dieser Satz nach einer halben Stunde intensiver Darlegung von Argumenten ausgesprochen wird, gegen die kein einziges Gegenargument gebracht wurde, glaubt man wohl nicht ganz zu Unrecht, davon ausgehen zu müssen, daß der oder die andere entweder nicht zuhört, nicht verstehen will oder, obwohl längst einsichtig, einfach bloß nicht nachgeben will. Zumal die Wendung »wie's ist« eine unverrückbare, allgemeingültige Wahrheit unterstellt, die ja im Grunde jeden Streit darüber ausschließen würde.
Mitunter ist das Ausprechen von Wahrheiten auch besonders abgefeimt, denn Wahrheiten können schwer verletzen, besonders in Gegenwart Dritter und gar der Kinder. Natürlich halten wir alle die Wahrheit als Gut sehr hoch, doch mitunter bringt sie nichts als die Zerstörung einer Beziehung. Das heißt nicht, daß Beziehungen sich auf Lügen aufbauen ließen, im Gegenteil. Doch dazu gehört eben auch ein Mindestmaß an Großmut, dem anderen nicht unentwegt seine Defizite, Schwächen oder Verfehlungen vorzuhalten – vor allem dann nicht, wenn der Streit sich um ganz andere Dinge dreht.

Davon gibt es freilich auch die Umkehrvariante, die einen ebenfalls zur Weißglut bringen kann: *»Also, nun hör mir doch endlich mal zu!«* Mit den Modifikationen: »Du hast wieder nicht

aufgepaßt«, und: »Sag mir doch nur ein einziges vernünftiges Argument dagegen!«
Eine Figur, die besonders Männer gerne anwenden: In der Regel wird das Gegenüber – Frau, Freundin, Kind – derart mit (echten oder scheinbaren) Argumenten eingedeckt, daß diesem der Kopf nur so brummt. Und bevor man sich auch nur mit einem dieser Argumente auseinandersetzen kann, prasseln schon weitere zwei Dutzend auf einen herunter. Männer sind sich ihrer »Überlegenheit« im Schnellfeuern von Argumenten meist bewußt, und so besteht die Strategie häufig darin, dem anderen das Gehirn zu blockieren. Schwierig wird es für sie vor allem dann, wenn sich das Gegenüber wirklich darauf versteift, eines der Argumente zu vertiefen – dann geraten die Angreifer meist sehr schnell ins Schleudern und behelfen sich mit einem: »Also, auch wenn das so ist, die anderen Argumente gelten trotzdem ...«, in der Hoffnung, irgendeines werde schon greifen. Läßt man sich da nicht beeindrucken und bleibt bei dem nun zu vertiefenden Argument, ist sehr schnell zu erkennen, ob es dem anderen wirklich um diese Frage geht oder ob er nur einen wie auch immer gearteten »Sieg« sucht.

»Drück dich doch mal klarer aus!« und die Varianten: »Ich versteh dich einfach nicht«, und: »Das ist mir zu hoch.«
Dies ist eine seit dem Altertum bekannte Verwirr-Taktik: Indem man dem Gegner unklare Gedankenführung vorwirft oder ihn – möglichst mehrere Male – zur Wiederholung des schon Gesagten zwingt, verliert er leicht den Faden. Zudem ist die Unterstellung, man streite, ohne überhaupt handfeste Gründe dafür zu haben, eine Demütigung.
Die wirkungsvollste Gegentaktik besteht darin, den Spieß umzudrehen und den anderen nun seinerseits mit der Frage zu nerven, was er denn nicht verstanden habe – und wenn er sagt: »Alles!«, dann mit augenverdrehender »Geduld« alles noch einmal »von vorne« zu erklären. Eine wirkliche Lösung des

Streitthemas ist natürlich auf diese Weise selten zu erreichen, was aber bei der Verwendung solcher Streitfiguren meist auch gar nicht angestrebt wird.
Es gibt allerdings Fälle, in denen eine Klärung des Themas oder einzelner Argumente durchaus sinnvoll sind; nicht selten sprechen beide Streitenden verschiedene Sprachcodes, gehen von unterschiedlichen Begriffen aus oder setzen ein Wissen oder Bewußtsein voraus, das der oder die andere bezüglich des Themas vielleicht gar nicht besitzt. Letzteres gilt verständlicherweise besonders häufig beim Streit mit Kindern. Ihnen gegenüber ist denn auch der Satz: »Drück dich doch klarer aus«, oft geradezu infam. Ein freundliches »Du, das hab ich jetzt nicht verstanden, meinst du das so?« hilft da oft wesentlich weiter.

»Also mit dir kann man ja überhaupt nicht reden.«
Dies ist bekanntermaßen ein beliebtes Totschlagargument für alle, die bei einem Schlagabtausch selber nicht weiter wissen. Mitunter ist der Satz nicht ganz unberechtigt, wenn der Gegenspieler – in diesem Fall handelt es sich häufig um Eltern und Kinder – partout und ohne auf Gegenargumente zu hören bei der eigenen Meinung bleibt; meist ist er aber eher ein Ausdruck von Hilflosigkeit, weil man keinen Zugang zum anderen findet – oft auch gar nicht finden will, weil das auch bedeuten würde, daß man sich selbst öffnen müßte. Dies wiederum birgt die Gefahr, daß sich am Ende herausstellt, daß man vielleicht gar nicht so unbedingt im Recht ist. Beispiele dafür gibt es genug: Eltern, die Kindern das Ausgehen verbieten, aber keine einleuchtenden Gründe dafür haben und sich daher in Allgemeinplätzen ergehen, während die Kinder sie mit der Frage: »Aber was soll denn daran schlimm sein?« oder: »Was ist denn schon dabei?« oder: »Was soll daran gefährlich sein?« festnageln. Umgekehrt auch Söhne und Töchter, die sehr wohl wissen, in welch zwielichtige Gesellschaft sie sich begeben, und die die Hinweise der Eltern damit abzutun versuchen, sie könnten sich ohne weiteres aller

Gefahren selbst erwehren. Der Satz: »Mit dir kann man einfach nicht reden«, bildet dann jeweils den Abbruch einer festgefahrenen Debatte.
Man sollte diesen Satz allerdings nicht allzu schnell und ausschließlich als bloße Verteidigungsstrategie des/der anderen in auswegloser Situation ansehen – besser schon prüfen, ob der/die andere nicht vielleicht recht haben könnte, wenn er/sie uns Unzugänglichkeit vorwirft. In solchem Falle hilft die bloße Gegenbehauptung: »Mit mir kann man sehr wohl über alles reden, nur...«, gar nichts. Da gilt es vielmehr, geduldig und über Wochen und Monate hinweg in kleinen Schritten das verlorene Vertrauen wiederzugewinnen. Dann jedoch sollte man die andere Seite nicht zu einfach mit einer immer stärker verkrustenden Weiterverwendung dieses Arguments davonkommen lassen, sondern bei Gelegenheit darauf hinweisen, daß die alte Blockmentalität nicht mehr gilt.

Die Ablenkungsvariante: *»Also darum geht es doch überhaupt nicht!«*
Sie tritt dann auf, wenn man merkt, daß man auf dem bisherigen Weg nicht weiterkommt, oder wenn einen das Gegenüber mit seiner Argumentationskette in die Enge treibt. Aber Achtung: Es ist durchaus möglich, daß einer der Streitenden die Debatte auf ein anderes Gleis schiebt oder schon geschoben hat und der andere zu Recht die Rückkehr zum ursprünglichen Streitpunkt fordert. Doch in vielen Fällen ist diese Streitfigur nichts anderes als der Versuch, den Gegner aufs eigene Terrain zu locken oder zu zwingen, entweder weil man sich da sicherer fühlt oder weil man gar nicht weiß, ob man in der Sache richtig liegt.
Hier sollte man sich nicht ablenken lassen, sondern darauf bestehen, daß dies das Thema ist – vorausgesetzt natürlich, das trifft auch wirklich zu und man hat nicht zuvor selbst das Terrain gewechselt.

»Was regst du dich denn so auf?«
Ein Tiefschlag mit besonderem Wirkungsgrad: Einer merkt, daß der andere durch das Thema oder dessen spezielle Behandlung in diesem Streit bereits außer sich ist – und geht nun nicht auf seine Argumente ein, sondern wirft ihm seine Stimmung vor, die er ja im allgemeinen selbst provoziert hat. Besser als mit diesem Satz kann man einen Streit kaum in die Aussichtslosigkeit treiben. Als Retourkutsche ist einzig zu empfehlen: »Ja, ich reg mich auf, und ich wundere mich, warum du bei diesem Thema so absolut unberührt bleibst, offenbar läßt dich das alles völlig kalt.« Das läßt zwar wiederum die Retour-Retourkutsche zu: »Weil ich die Frage eben vernünftig behandeln möchte und nicht aufgeregt und emotional«, doch auch darauf gibt es eine angemessene Antwort: »Ich kann jedenfalls über diese Frage nicht so diskutieren, als ginge es um einen Schulausflug oder eine Schachpartie. Mich berührt das zutiefst, und wenn du das nicht anerkennen kannst, sollten wir den Streit einfach hier beenden.« In der Regel nimmt das dem Gegenspieler etwas die Luft, weil er nun dabei ist, den gerade gelandeten Punkt dadurch zu verlieren, daß das Match ausgesetzt wird, ohne daß ein K.O. zu erkennen ist.

»So, und nun will ich doch mal was sagen ...«
Streit total: Das eigentliche Thema gerät völlig außer Sicht oder ist längst entschwunden, und nun wird der Frust der vergangenen Wochen, Monate oder Jahre sozusagen in einem Aufwasch abgelassen. In manchen Fällen kann dies durchaus nachvollziehbar sein, etwa wenn die Frau über lange Zeit allen Ärger »hinuntergeschluckt« hat und nun nicht mehr weiter weiß; oder wenn Eltern die Kinder monatelang haben gewähren lassen – mit allenfalls schüchternen Einwänden, die ungehört verhallten – sie nun aber größere Gefahren sehen oder einfach nicht mehr zusehen können. Doch leider wird dieser Satz auch dann sehr schnell und leicht mißbraucht, wenn man das anste-

hende Thema gänzlich ohne Weiterungen betrachten könnte. Damit wird alles verwischt, was ein Streit noch Positives bringen könnte. Von der Frage des Tischabräumens gerät man zur Frage der Ordnung als solcher, der Hausgemeinschaft in ihren Grundprinzipien, und »nun will ich dir mal was sagen: dein ganzes Verhalten paßt mir nicht!« Rumms. Wenn die Jalousien nicht schon längst heruntergelassen waren, rasseln sie spätestens jetzt, ohne Aussicht, in absehbarer Zeit wieder hochgezogen zu werden. Meist ist der Satz gar nicht mehr Bestandteil des Streits selbst, sondern bereits die Ankündigung des Catch-as-catch-can: Nichts mehr ist tabu, alle Kredite sind verspielt, schimpfst du auf meine Unpünktlichkeit, werfe ich dir Untreue vor, meckerst du über die Unordnung in meinem Zimmer, komme ich dir mit deiner mangelnden Wahrheitsliebe, murrst du über mein mangelndes Engagement in Schule oder Beruf, brate ich dir eins mit deiner Manie des Geldverdienens über und so weiter und so fort – kein Argument bezieht sich inhaltlich noch auf das vorangegangene, aber jedes versucht das vorangegangene an Verletzungspotential zu übertrumpfen.
Wer an dieser Stelle noch auf die Rückkehr zu einer partnerschaftlichen Diskussion oder zumindest zu einem zivilisierten Streit hofft, sollte schnellstens innehalten, vielleicht mit einem Lächeln: »Meine Güte, was sind wir für Trottel«, und eher mit einem freundlichen Wort die Luft aus dem zum Platzen aufgeblasenen Ballon entweichen lassen. Das klappt nicht immer, aber bei uns zumindest hat es einige Male durchaus gewirkt.

»Wenn du jetzt weitermachst, werde ich...«
Hier bewegen wir uns bereits dicht am Terrain nackter Drohungen. Unterlegene – oder solche, die sich (vielleicht zu Unrecht) so fühlen – sehen oft nur noch den Ausweg, die verlorene (verloren geglaubte) Sache mit einer anderen, viel schlimmeren, zu verbinden, die das Gegenüber vom Genuß seines Sieges abhalten oder gar in die Defensive drängen soll. Eine besonders

bei Ehepartnern und Paaren beliebte Streitfigur, bei der aus dem Streit um den Abwasch nach dem Mittagstisch eine Grundsatzdebatte um eine tatsächliche oder mutmaßliche Verfehlung des Partners von vor drei Jahren wird. Oft auch gegenüber Kindern angewandt: »Wenn du jetzt nicht gleich aufhörst, dann können wir ja mal darüber reden, was du damals ...« Kinder setzen das oft so um: »Wenn du das so siehst, kann ich ja gleich ausziehen ...« Eltern dagegen: »Wenn du davon nicht abläßt, kannst du gleich deine Sachen packen.«
Die Fortsetzung besteht dann in der totalen Verweigerung: Mit verschränkten Armen sitzt die Tochter oder der Sohn da und antwortet auf gar nichts mehr, wenn sie oder er nicht schon längst in ihr Zimmer gelaufen sind oder gar aus dem Haus stürmen. An dieser Stelle kann der Streit existentielle Dimensionen annehmen. Bei Kindern ist dieses Verhalten allerdings in aller Regel nur der Spiegel dessen, wie sich die Erwachsenen verhalten.

»Aber doch nicht vor den Kindern!«

Wenn die Eltern streiten

Zu einer zentralen Frage wurde dies erstmals in der Zeit der ›antiautoritären Erziehung‹, also in den späten sechziger und frühen siebziger Jahren, und seither ist sie nicht mehr aus der pädagogischen Diskussion verschwunden: Sollen sich Eltern vor ihren Kindern streiten? Wenn ja, wie weit dürfen sie dabei gehen? Wenn nein, wie sollen sie dann mit Streit umgehen? Ist das Magengeschwür in diesem Falle sozusagen eine Berufskrankheit der Eltern, über die man gefälligst nicht spricht?

Bis in die sechziger Jahre hinein galt weitgehend der stillschweigende Konsens: Eltern streiten nicht vor Kindern. Das nach dem Krieg wieder neu aufgelegte viktorianische Denken verbot solche Einblicke ins reale Elternleben, Harmonie und Autorität waren gefragt oder sollten jedenfalls soweit vorgespielt werden, daß die Kinder daraus Honig für ihre verantwortliche Reifung saugen konnten.

Dann kam die Zeit der antiautoritären Erziehung, Wissenschafter und Rebellen wurden sich einig: Weg mit aller Doppelmoral, und wenn in den Partnerbeziehungen schon gestritten wird, dann gefälligst keinen Schleier drüber. Kinder sollen nicht im Schonraum großwerden, sondern wissen, wie es im wahren Leben zugeht, auch in dem ihrer Eltern.

Die Argumente für und wider das Streiten in Gegenwart der Kinder sind meist stark vereinfachend und daher nicht sonderlich überzeugend: Spielt man den Kindern eine heile Welt vor, die es nicht gibt, sind sie, wenn sie ins Leben hinaustreten, unfähig zur streitbaren Auseinandersetzung und also auch, ihre Interessen durchzusetzen.

Unfug, sagt die andere Seite, gerade dann würden unsere Kinder streitsüchtig und in der Welt »draußen« zu Unpersonen, wenn sie es von zu Hause nicht anders gewöhnt seien. Die Wurzel von Krieg und Grausamkeit liege gerade darin, daß die Menschen ihre Aggressionen hemmungslos auslebten, statt sie zu zügeln. Und wenn einem schon mal der Gaul durchgehe, dann solle das nicht auch noch den Kindern zum Vorbild dienen.

Zunächst ist es sicher eine Illusion zu glauben, Eltern könnten Streit vor den Kindern wirklich ganz und gar verbergen. Die Töchter und Söhne haben oft wesentlich sensiblere ›Antennen‹, als ihnen von den Eltern zugetraut werden. Und nicht selten führt das krampfhafte Verbergen schwerwiegender Gegensätze zu spontanen und um so heftigeren Ausbrüchen von Ärger. Nicht wenige lassen ihre aufgestaute Wut dann an anderen aus, und das sind oft genug die Kinder. Oder es kommt unvermittelt zum Kollaps: Die Mutter bricht ohne erkennbaren Grund in Tränen aus, der Vater entzieht sich den gewohnten familiären Tätigkeiten, stürmt davon in die Kneipe. Der Haussegen hängt schief, aber keiner redet darüber – und die Kinder verstehen die Welt nicht mehr.

Mitunter kommt dann irgendwann heraus, daß sowieso alles für die Katz war: Frau Beate K. zum Beispiel hatte ihren ersten Streit mit ihrem Mann vor den Kindern, als diese schon sieben und elf waren – »bis dahin hatten wir, wenn es schon zu Auseinandersetzungen kam, diese auf die Zeit verlegt, wo die Kinder im Bett waren oder nicht zu Hause. Doch als es dann zum Streit vor ihnen kam – es ging um irgendeine Anschaffung, die ich nicht wollte und die mein Mann für wichtig hielt – standen sie vor uns und schüttelten derart deutlich den Kopf, daß wir innehielten: ›Warum streitet ihr heute schon am Tag und nicht erst im Bett?‹ fragte uns Mark, und wir kippten fast aus den Pantinen.« Die Kinder hatten, so stellte sich heraus, nahezu alle Zwistigkeiten im Originalton mitbekommen, in einigen Fällen erinnerten sie sich noch Jahre später an einzelne Worte, die ge-

fallen waren. Aber worum es ging, davon hatten sie keine Ahnung.
Doch der Umkehrschluß führt auch nicht unbedingt zum erwünschten Ziel: Streit, der vor den Kindern ausgetragen wird, bleibt diesen dennoch oft sehr rätselhaft, auch wenn sie die Worte selbst verstehen. Sie erleben Auseinandersetzungen häufig angstvoll, wissen in der Regel nicht, auf wessen Seite sie sich schlagen sollen, und werden auf diese Weise in Auseinandersetzungen hineingezogen, die sie weder überblicken noch hinreichend beurteilen können.
»Ich erinnere mich noch sehr gut an den ersten Streit in Gegenwart unseres Ralph«, berichtet uns eine Mutter, »es ging eigentlich um gar nicht viel, mein Mann war wohl gereizt nach Hause gekommen, ich selbst habe über Gebühr darauf bestanden, am Abend noch zu Freunden zu gehen, ein Wort gab das andere. Aber es kam weder zu allzu lauten Tönen noch zu Schimpfwörtern. Doch plötzlich heulte unser Ralph, kaum eineinhalb Jahre alt, fürchterlich los: Erst klammerte er sich an seinen Vater, dann an mich, und als wir dann doch ausgehen wollten und die Tochter unseres Nachbarn wie immer zum Babysitten kam, war er so unglücklich, daß wir alles abgeblasen haben.«
Angela C. und ihr Mann Ernst berichten: »Wir hatten uns vorgenommen, vor unseren Kindern nichts zu verheimlichen, und so erklärten wir ihnen, wenn wir mal stritten, hinterher immer genau, worum es gegangen war. Aber irgendwann fiel uns auf, daß die Kinder gar kein Interesse daran hatten. Bernd sagte einmal, da war er gerade an die sieben Jahre alt: ›Aber ihr sollt einfach nicht streiten.‹ Carlotta, seine ältere Schwester, hörte ich einmal in ihrem Zimmer zu Bernd sagen: ›Ach, wenn sie's doch einfach beim Streiten beließen, es nervt schon sehr, daß sie uns hinterher immer noch alles erklären müssen.‹ Carlotta war damals dreizehn Jahre alt, Bernd inzwischen neun.«
Die Gefahr ist groß, mit der »Erklärung« von Streit den Kindern eine noch größere Last aufzubürden als durch den Streit

selbst. Die Angst, mit der das Erleben elterlicher Kräche oft verbunden ist, blockiert wohl auch nicht selten das Verständnis; Psychoanalytiker berichten immer wieder, wie häufig bei ihren – mittlerweile erwachsenen – Patienten am Anfang eines Traumas ein gutgemeinter Versuch der Eltern stand, eine den Kindern unklare Szene aufzulösen. Nicht nur, daß dabei Streithahn und Streithenne oft noch im nachhinein versuchen, Boden für sich gutzumachen oder jedenfalls die im Streit ungünstig verrutschte Figur zu korrigieren – nicht selten bläht sich erst durch die »Erklärung« mächtig auf, was Kindern zunächst womöglich eher wie eines ihrer eigenen Geplänkel auf dem Spielplatz erschienen war. Plötzlich müssen sie, statt das Ganze als längst wieder beigelegte Kabbelei zu begreifen, sich tiefgründige und damit höchst beunruhigende Berichte über Vaters oder Mutters bedrohliche Situation in der Firma (»Dein Vater hat Mist gebaut, vielleicht wird er bald arbeitslos«), die angegriffene Gesundheit eines Elternteils (»Deine Mutter hat's mit der Schilddrüse, da wird sie leicht ein bißchen hysterisch ...«) oder gar über die allgemeine politische Lage, wie uns mehrfach von Jugendlichen berichtet wurde, anhören.

Besonders verdrießlich wird die Angelegenheit, wenn sich die Kinder oder Jugendlichen diese Erklärungsmanie zu eigen machen und den Eltern zumuten, sobald diese wieder mal in einen Streit eingreifen oder ihn »aufarbeiten« wollen. Dann nämlich sind Eltern nicht selten plötzlich ganz anderer Meinung, lassen derlei »Ausreden« überhaupt nicht gelten und machen damit die Verwirrung komplett. Streß in der Schule, Frust beim Fußballspiel oder Ärger mit dem Freund, so real diese sind, werden von Eltern kaum als zulässiger Grund für Streit akzeptiert: »Das muß man säuberlich zu trennen wissen«, schließlich »müssen wir ja hier zusammenleben, also kontrollier dich gefälligst besser.«

»Jedesmal, wenn die Alten gestritten haben«, murrte ein Fünfzehnjähriger, »erfahren wir, daß es natürlich ganz wichtige

Gründe für den Streit gegeben habe und daß es keineswegs die Schuld von Vater oder Mutter gewesen sei, sondern einfach notwendig. Und jedesmal, wenn wir gestritten haben, heißt es, daß das erstens überhaupt kein Grund sei und daß wir sowieso kein Recht hätten zu streiten, weil es uns gut geht.« Eine Sechzehnjährige ärgerte sich vor allem darüber, daß »die immer sagen, wir dürfen nicht streiten, weil wir Geschwister sind, und dann streiten sie selbst, obwohl sie Mann und Frau sind und sich einander freiwillig ausgesucht haben und nicht einfach so zusammengewürfelt wurden wie wir Kinder.«

Sollte man also besser nicht vor den Kindern streiten – zumindest wenn man bei diesen selbst das Streiten unter dem Aspekt einer wie auch immer unterstellten Zusammengehörigkeit sanktioniert?

Befragt, ob sie die Streitereien der Eltern lieber offen mitbekommen wollen oder nicht, waren die Kinder und Jugendlichen zu ungefähr gleichen Teilen dafür wie dagegen: 49 Prozent wollten, daß die Eltern ihren Streit offen austragen, 48 lieber nicht, drei Prozent gaben keine Stellungnahme ab. Doch bei der Kontrollfrage, was sie empfinden, wenn die Eltern streiten, gaben zwei Drittel der unter Vierzehnjährigen »Erschrecken« und »Angst« an, während die Älteren diese Gefühle nur noch zu etwa 35 Prozent nannten, dafür aber relativ häufig das Wort »Ekel« in die zur Ergänzung freie Zeile eintrugen (17 Prozent). 22 Prozent empfanden »Mitleid« (was unter den Jüngeren nur einer angekreuzt hatte), 27 Prozent gaben »Ist mir gleichgültig« an oder »Höre ich gar nicht zu«.

In unserer Familie hat sich ein Prinzip eingespielt, das zwar nicht das vielgesuchte Ei des Kolumbus darstellt, aber immerhin gewisse Vorteile bietet: Sehen wir bei einem Thema voraus, daß es zu heftigen Reibereien zwischen den Eltern Anlaß geben könnte, verlegen wir die Diskussion auf einen Zeitpunkt, zu dem die Kinder nicht zugegen sind – dies allerdings weniger aus dem Wunsch heraus, den Streit unter allen Umständen vor ihnen zu verbergen, sondern vielmehr, weil Zuschauer und Zuhörer beim Streiten eher stören: Sie mischen sich ein, verstehen falsch, beeinflussen möglicherweise sogar die eigene Position, weil man sich ihnen ebenfalls verständlich zu machen sucht oder auf keinen Fall das Gesicht verlieren will. Kommt es in Anwesenheit der Kinder spontan zu einem Streit, tragen wir ihn aus – jedenfalls so lange, bis einer der Beteiligten bemerkt, daß es jetzt doch zu heftig wird, dann brechen wir ab, sofern uns das möglich ist. Manchmal geht es leider nicht mehr.

Erstaunlicherweise haben unsere Kinder im Laufe der Zeit gar nicht schlecht zu beurteilen gelernt, wann ein Streit zu weit geht und wann er durchaus noch verträglich mit der überwiegend positiven Grundstimmung in der Familie ist. Sie sprechen uns, meist einzeln, dann selbst darauf an und versuchen herauszufinden, was eigentlich los war. Da ist dann allerdings unsererseits Selbstdisziplin und Aufrichtigkeit gefordert. Denn allzu leicht gerät man hier auf ein falsches Gleis, versucht, seinen eigenen Standpunkt noch mal zu untermauern, und gibt sich am Ende gar der lächerlichen Illusion hin, man habe letztlich doch recht gehabt, »die Kinder sehen es ja auch so«.

Andererseits haben unsere Kinder auch zu erkennen gelernt, wenn wir in die andere Richtung flunkern – so etwa, wenn ein Streit schon mal übers Normale hinausgegangen ist und der Vater oder die Mutter ihnen dann deprimiert weismachen will, nur er beziehungsweise sie selbst sei schuld daran gewesen. Da greifen sie dann doch ein und rücken die Dinge wieder gerade: »Aber Mami/Papi war auch grob zu dir!«

Natürlich wird es unzählige Variationen dieses Themas geben. Bei uns haben gerade die Kinder immer wieder dazu beigetragen, daß manche Äußerung, bei der wir Eltern danebengegriffen haben, wieder geradegebogen wurde. Auch wir haben im Lauf der Zeit gelernt, ihnen dabei genau zuzuhören und es uns nicht allzu einfach zu machen, etwa mit der Einstellung, die lieben Kleinen verstünden im Grunde noch gar nicht, worum es geht.

Eine Faustregel ergibt sich jedenfalls auch aus nahezu allen Briefen und Erzählungen von Eltern über Streitsituationen in der Familie: Wenn die Töchter und Söhne auch überwiegend keine Ahnung haben, worum es bei einem Streit inhaltlich geht, und schon gar nicht entscheiden können, wer in der Sache recht hat, so haben die meisten von ihnen doch ein sehr sicheres Gespür dafür, wer hier die Sache als solche entscheiden möchte und wer nur recht behalten oder einfach seinen Frust ablassen will. »Unsere Anke hat ein untrügliches Gefühl dafür, ob wir, wie sie sagt ›ehrlich streiten‹, oder uns ›nur wieder mal kloppen müssen‹«, sagt der Vater einer Vierzehnjährigen. »Schon seit sie sieben, acht Jahre alt war, hat sie sich immer auf den Schoß dessen gesetzt, der ihrer Meinung nach zu Unrecht oder mit unrechten Mitteln angegriffen wurde.«

Eine Beobachtung, die offenbar viele Eltern machen, die jedoch nicht von allen richtig bewertet wird. »Wenn sich Bernd, inzwischen zwölf Jahre alt, wie schützend vor mich gestellt hat, nachdem sein Vater wieder mal in seiner unterkühlten, keineswegs aggressiven Art, mich mit für uns alle unentwirrbaren Argumentationsketten flachgelegt hatte«, schreibt uns eine Sekretärin aus Baden Baden, »dann kam von Seiten meines Mannes unweigerlich der Satz: ›So, und wo dir nun Argumente fehlen, versteckst du dich hinter unserem Sohn‹, als wäre nicht dieser zu mir gekommen, sondern als hätte ich ihn geholt. Erst in einer Familientherapie, die wir gottseidank noch gemacht haben, bevor es zu spät war, machte der Psychologe meinem Mann klar, daß im Grunde er es war, der sich hinter dem Kind versteckt hat, weil er genau wußte, daß er mir mit seinen Argumenten jeden Satz im Munde umdrehen konnte, auch wenn ich noch so recht hatte.«

Zwischen- und Untertöne entgehen Kindern und Jugendlichen viel weniger als uns selbst. Und das Gespräch mit ihnen darüber kann für die Haltbarkeit einer Beziehung von unschätzbarem Nutzen sein.

»Solange sie nur untereinander kabbeln, geht's ja noch«

Die Angst der Eltern vor dem »Hineingezogenwerden«

Die meisten Eltern lernen nach kurzer Zeit schon die Laute ihres Säuglings bestens differenzieren: aus der Tonhöhe und Lautstärke entnehmen sie gutes oder schlechteres Befinden; im weiteren Verlauf der Kindheit entwickeln sie daraus eine Art Frühwarnsystem für anstehenden oder aufkeimenden Streit untereinander oder mit den Schul- oder Spielkameraden.
Dann stehen viele vor der Frage: Einschreiten oder gewähren lassen? Die Entscheidung fällt dann freilich häufig nicht restlos im Sinne des Wohlergehens und der Entwicklung kindlicher oder jugendlicher Tugenden, Fähigkeiten und Abwehrkräfte, sondern meist im Eigeninteresse der Eltern. Eine wichtige Rolle dabei spielt für viele die Angst davor, in den kindlichen Streit »hineingezogen« zu werden. »Solange sie nur untereinander kabbeln, ist es mir im Grunde gleichgültig«, meint der Vater dreier Halbwüchsiger aus Herne bei unserer Befragung, »aber es besteht halt immer die Gefahr, daß ich selbst mit hineingezogen werde: als Schiedsrichter oder als Zeuge dafür, daß der eine oder andere es doch richtig gemacht hat, oder weil ich es früher auch mal so gemacht habe, oder auch als diktatorischer Streit-Beender, indem ich ein Machtwort spreche und allen, speziell natürlich dem augenblicklichen Sieger, die weitere Fortsetzung des Streits verbiete.«
Und was dann geschieht, beschreibt Frau Anne K. aus Starnberg: »Wie oft habe ich gehofft, unsere beiden Kinder würden sich in einem solchen Streit am Ende selbst fragen, wer nun

wirklich im Recht war, und danach wieder miteinander können, aber nein, regelmäßig lassen sie den Ärger dann an mir aus. Die eine schimpft, daß ich die andere bevorzuge, oder umgekehrt wirft mir die eine vor, daß ich der anderen ja nur recht gebe, weil sie größer ist. Und wenn dann mein Mann heimkommt, geht's von vorne los, nur daß ich mir jetzt auch noch vorwerfen lassen muß, ich hätte nicht zur rechten Zeit eingegriffen, oder ich hätte gar nicht eingreifen sollen, oder ich hätte falsch eingegriffen.«

So spielt sich bei der Mehrheit der Eltern eine Art Präventionsverhalten ein: »Nicht streiten«, tönt streng des Vaters Stimme aus der anderen Ecke des Zimmers, kaum daß die Tonart der Kinderstimmen etwas schärfer wird, oder, Variante Zuckerbrot: »Komm, wir gehen mal alle in den Garten«, beziehungsweise: »Habt ihr Lust auf ein Eis?«

Warum aber »ziehen« die Kinder ihre Eltern in ihren Streit hinein? Suchen sie nach Verbündeten? Wollen sie den anderen oder die andere isolieren, um den Sieg total zu machen? Oder bedeutet die Ausweitung des Streits auf unbeteiligte Personen für sie eine Art Entlastung, weil sie dann selbst nicht mehr nach Argumenten suchen müssen? Dient diese Strategie, sozusagen vorbeugend, der Verhinderung einer weiteren »Instanz« in der Streitsache, die den schon sicher geglaubten Sieg dann aus möglicherweise unerfindlichen Gründen wieder ins Gegenteil verkehren könnte? »Immer, wenn ich Erich endlich mal so richtig bezwungen habe«, schreibt die dreizehnjährige Irene in einem der von uns erbetenen Aufsätze über ihren offenbar trotz seiner vier Jahre Rückstand überaus streitbaren Bruder, »kommen die Eltern daher und sagen, daß das gar kein richtiger Sieg sei, weil ich ja als Ältere sowieso besser im Streiten sei, schneller denken könne und am Ende auch körperlich stärker sei als er.« Weshalb sie »beim Streiten schon von vornherein Rücksicht« nimmt auf das, was »die Eltern voraussichtlich schon wieder einwenden können«, und wenn diese zugegen sind, »sie möglichst gleich in die Sache verwickle, damit es kein Nachspiel gibt, wo Erich sich dann wieder an der Brust von Mami stärker fühlt.«

Der siebzehnjährige Oliver gesteht, daß »ich beim Streit mit meinem drei Jahre jüngeren Bruder ganz bewußt die Eltern hineinziehe, und mich möglichst in dem Augenblick davonmache, wo die mit dem zu streiten beginnen«.

Andere Jugendliche wie der vierzehnjährige Ignaz meinen, sie würden »...ja gerne unter uns streiten, aber immer kommt einer daher und sagt, er wird es den Eltern sagen; da ist es uns dann schon lieber, die Alten sind gleich dabei.«

Doch viele Kinder wollen im Grunde Streit lieber selbst austragen, zumindest, solange gesichert ist, daß sich der verbal Unterlegene den Sieg dann nicht mit Fäusten zurückholt. Diese Garantie gibt es allerdings nur relativ selten, und so ist die Angst vor dem Ausarten ins Physische tatsächlich ein Hauptgrund für die Versuche, die Eltern hinzuzuziehen.

Bei uns selbst war dies immer wieder eine Zeitlang der Fall, wenn eine der drei Töchter eingeschult wurde: Hatte es vordem faktisch überhaupt nie Handgreiflichkeiten gegeben, so »lehrte« die Schule offenbar vorwiegend, daß man Streit ohne anstrengende Debatte einfach mit Ohrfeigen, Püffen und Tritten austrägt, und das übertrug sich schnell auf die Situation zu Hause. Hierbei wurden dann alle Argumente, die vorher dazu dienten, verbalen Streit anzuzetteln, nun als Grund für Schlägereien angegeben: »Die hat mich so blöde angeschaut« – »Die hat meine Katze beleidigt« – »Die war in meinem Zimmer«, oder gar: »Vorgestern hat sie mir viel mehr wehgetan.«

Ungefähr ein halbes Jahr lang dauerte es dann jeweils, die Methoden wieder etwas zu zivilisieren: Statt zuzuhauen sollten sie sich zuerst an uns wenden, und das taten sie dann auch nach und nach – freilich jeweils in der Hoffnung, die Schwester werde dann von uns ausgiebig gebeutelt, vielleicht sogar ebenfalls handgreiflich. Das artete bald mächtig aus – wegen jeder Kleinigkeit kam nun eine an Vaters Schreibtisch oder zur Mutter, die gerade Reitunterricht gab und sich absolut nicht um eine gerechte Lösung der Streitfrage kümmern konnte. Da sich die Kinder nun wieder von uns verlassen fühlten, griffen sie natürlich erneut auf die eben zurückgestellte Methode der handgreiflichen Selbsthilfe zurück, was ein immer differenzierteres System von Verhaltensregeln nötig machte. Wobei wir übrigens bemerkten, daß gerade der Vater, der – siehe oben – Streit keineswegs für eine schlimme, ja oft sogar für eine durchaus sinnvolle Form der Auseinandersetzung hält, diesen an vielen Stellen viel schneller zu beenden versucht als die Mutter, die Streit absolut nicht ausstehen kann.

Jessica: »Papi, die Rebecca will immer mit mir streiten.«

Vater: »So? Wann hat sie denn gestritten?«

Jessica: »Vorhin im Auto.«

Vater: »Und was hat Mutti gesagt?«

Jessica: »Nichts.«

Vater: »Na, dann wird's mal wieder nicht so schlimm gewesen sein.«

Jessica: »Doch, die will immer mit mir streiten. Da frag ich sie ganz ruhig, ob sie heute Turnen hatte, und sie schreit mich an, ich soll ruhig sein.«

Vater: »Na, dann wird sie wohl irgendwas erlebt haben, was ihr nicht gepaßt hat. Am besten läßt du sie dann in Ruhe.

Jessica: »Siehst du, immer sagt ihr, wir sollen zu euch kommen, damit wir nicht streiten oder uns hauen, aber wenn wir dann kommen, heißt's immer, laß sie doch in Ruhe. Das hilft mir überhaupt nicht. Weil sie ja doch nur streiten will.«

Vater: »Also gut, ich sprech mal mit der Rebecca, was da los war.«

Jessica: »Nichts war los, sie will nur streiten.«

Zehn Minuten später:

Vater: »Rebecca, was war denn heute los, warum warst du denn so garstig zu Jessica?«

Rebecca: »Weil sie mich immer ärgert.«

Vater: »Wie hat sie dich denn geärgert?«
Rebecca: »Halt so.«
Vater: »Halt so ist aber kein Grund.«
Rebecca: »Die stellt immer so dumme Fragen.«
Vater: »Was hat sie denn gefragt?«
Rebecca: »Weiß ich nicht mehr.«
Vater: »Also Rebecca!«
Rebecca: »Jaaaaaaa! Weiß ich halt nicht mehr. Aber immer fragt sie so doofes Zeug. Tatitata und so.«
Vater: »Rebecca! Tatitata ist keine Frage, also ich möchte schon wissen, was sie gesagt hat.«
Rebecca (beginnt zu weinen): »Aber ich weiß es nicht mehr. Es war blödes Zeug, und es hat mich geärgert.«
Vater: »War's nicht nur so, daß du einfach keine Lust hattest, mit ihr zu reden, und da empfindest du alles, was sie sagt, als blödes Zeug?«
Rebecca (weint heftiger)
Vater: »Hör mal, das ist doch jetzt gar nicht so schlimm. Aber warum könnt ihr euch denn nicht vertragen?«
Rebecca: »Weil sie immer so dummes Zeug fragt.«
Jessica (die nun dazukommt): »Siehst du, jetzt heult sie uns was vor, und schon hältst du wieder zu ihr.«
Vater: »Jessica, laß sie jetzt bitte, laß uns bitte noch einen Moment alleine miteinander reden.«
Jessica: »Am Ende bin wieder ich an allem schuld. Immer ich, nur ich, und nie die anderen. Immer ich.« (beginnt nun auch zu weinen und läuft in ihr Zimmer)
Da bleibt nichts anderes übrig: Familienkonferenz am Mittagstisch.
Vater: »Also, ich will das noch mal erklären. Natürlich sollt ihr zu uns kommen, wenn ihr Zwistigkeiten unter euch nicht alleine ausmachen könnt.«
Xenia: »Können wir ja, aber ihr wollt das nicht.«
Jessica: »Weil sie uns dann haut, die Xenia.«

Xenia: »Ja, wenn du vorher meine Katze gehauen hast.«
Mutter: »Also das ist doch die Höhe!«
Vater: »Also, bitte noch mal. Ihr sollt zu uns kommen, aber es gibt doch herrgottnochmal auch viele Dinge, die es überhaupt nicht wert sind zu streiten. Oder die ihr wirklich alleine regeln könnt.«
Jessica: »Aber dann haut mich die Xenia, und die Rebecca auch.«
Rebecca: »Du haust immer zuerst.«
Vater: »Wer hat wen zuletzt gehauen?«
(Ratlosigkeit)
Vater: »Seht ihr, so oft kommt das gar nicht vor, ich denke, das ist schon Monate her. Es funktioniert doch, wenn ihr zu uns kommt.«
Xenia: »Aber nur, weil ich immer nachgebe.«
Mutter: »Das stimmt doch nicht, die anderen bekommen auch nicht immer recht.«
Xenia: »Doch, doch.«
Vater: »Nein, das stimmt, was Mutti sagt.«
Xenia: »Ja ja, weil ihr das gar nicht merkt.«
Also ist eine neue Runde des Geduldsstücks »Eltern als Eingreifreserve« fällig. Wir haben es uns selber eingebrockt – denken allerdings, daß es ohne dieses ständige Hineingezogenwerden wohl noch schlimmer wäre.
Was nichts daran ändert, daß auch wir einen stattlichen Bammel davor haben, in die Streitereien der Kinder hineingezogen zu werden. Jedesmal, wenn wir einen Streit »geschlichtet« oder auch durch ein »Machtwort« beendet haben, sehen wir unsere Kinder, oder jedenfalls eines davon, ein Stückchen weiter von uns abrücken. Das schmerzt. Und wir fragen uns verwirrt, ob dieses Stückchen denn wieder einholbar ist? Mitunter allerdings dämmert uns auch, daß dieses Abstandnehmen vielleicht am Ende fürs künftige Leben der Kinder notwendig sein könnte. Die Distanzierung von den Eltern – und sei es aufgrund ei-

ner gewissen Enttäuschung – hat durchaus eine positive Seite, insofern die Kinder in ihren Eltern nicht mehr eine letzte, unangreifbare Instanz sehen, sondern erkennen, daß auch wir bei Streit keineswegs ein Superrezept parat haben oder etwa mit geschlossenen Augen Recht sprechen könnten.
Und diese Erkenntnis erscheint uns doch sehr wichtig.

»Die legt's ja regelrecht auf Krach an«

Streit als Signal

Daß sich Streit mitunter schon lange vorher wie das Wetterleuchten vor einem aufziehenden Gewitter ankündigt, haben wir schon oben bemerkt und dürfte wohl allen Eltern aus eigener Erfahrung bekannt sein. Die Frage ist, ob man beim Nahen dieses Wetterleuchtens schon oder noch vorbeugen kann und soll – gegen den Streit als solchen, oder, da er in vielen Fällen bereits unvermeidlich scheint wie das zitierte Gewitter, wenigstens gegen seine Folgen. Vor allem aber: Läßt sich aus dem unaufhaltsam näherrückenden Gewitter etwas entnehmen, was über die Feststellung reiner Streitlust hinausgeht und möglicherweise den Hintergrund erhellt? Was ja für eine »Nachbehandlung« des Streits nicht ohne Bedeutung wäre.

»Unsere Tochter, vierzehn Jahre alt, legt es an manchen Tagen regelrecht auf Streit an«, schreibt uns Hanskarl B. aus Tutzing. »Sie kommt schon mit einer Frisur herein, von der sie weiß, daß sie uns entsetzt, lümmelt sich betont an den Tisch oder kommt einfach nicht zum Essen aus ihrem Zimmer, verweigert sich jedem Gespräch und wartet regelrecht darauf, daß wir irgendwie eine Bemerkung machen, an der sie sich dann den gesamten Streit über festhält.«

Eine fast alltägliche Erfahrung vieler Eltern mit ihren Halbwüchsigen, egal ob Jungen oder Mädchen. Doch warum machen die das? Jugendpsychologen haben diese Verhaltensweisen eingehend untersucht, hin- und hergewendet und reichlich Gründe herausgefunden, warum sich Jugendliche so verhalten. Die meisten dieser Gründe haben mit dem eigentlichen Streitthema herzlich wenig zu tun, dieses bildet lediglich eine

Art »Aufhänger« fürs Schreien und Schimpfen, Poltern und Stampfen und vielleicht am Ende auch so mancher Handgreiflichkeit. Das bedeutet: Der Streit ist in diesen Fällen vor allem ein Signal. Signal für Unbehagen oder Ängste, für Verzweiflung und die Suche nach Hilfe, oder auch für die Abwehr echter oder mutmaßlicher Einflußnahme der Eltern. Mitunter sind die Signale relativ leicht entzifferbar: Streit, weil es Probleme mit dem Freund oder der Freundin gibt; Aggressionen, die manchmal an anderer Stelle abgelassen werden; Versagensängste; Abgrenzung, beispielsweise gegen die neuen Partner getrennter Elternteile; Verlassenheitsgefühle und manches mehr. Häufig jedoch sind die Signale nicht so leicht zu entschlüsseln.

»Unsere Billy«, schreibt das Ehepaar K. aus Hameln, »obwohl sie die meiste Zeit über ein recht anhängliches Mädchen ist, kriegt von Zeit zu Zeit ihren Rappel: Da flippt sie sozusagen aus heiterem Himmel aus, nichts paßt ihr, mit regelrechten Rundumschlägen drischt sie auf uns ein. Wir haben oft das Gefühl, daß sie uns an solchen Tagen einfach verletzen will. Ist das dann vorbei, kommt sie am nächsten Tag und sagt, es tue ihr leid und sie wisse auch nicht, wie alles gekommen sei, schließlich seien wir doch die besten Eltern der Welt. Wir wissen da oft nicht mehr, was wir noch tun sollen, zumal wir das Aufkommen einer solch destruktiven Stimmung manchmal schon zwei, drei Tage vorher spüren.«

Was geschieht hier? Natürlich sind Ferndiagnosen immer nur mit großer Vorsicht zu stellen, aber zumindest liegt der Verdacht nahe, daß sich Billy, sicherlich mitten in der Pubertät, irgendwie selbständig machen, sich aus den liebevollen, aber vielleicht auch erdrückenden Armen ihrer Eltern befreien will, aber noch nicht den Weg und die Mittel dazu findet. Zu dieser Deutung paßt, daß die Eltern an späterer Stelle schreiben: »Wir lassen es Billy, die ja unser einziges Kind ist, an nichts fehlen, sie genießt alle Freiheiten, wir reden immer mit ihr, sobald sie es will, und bieten ihr alle Hilfe an, wenn wir sehen, daß sie Schwierigkeiten hat.« Aber vielleicht will Billy gar nicht alle Hilfe angeboten bekommen? Vielleicht will sie das Gefühl haben, sich selber durchsetzen zu können, auch gegen Widerstände – und vielleicht bringt sie nur in den Momenten des Streits die Kraft auf, sich wirklich frei zu fühlen? So etwas ist natürlich eine harte Erkenntnis für die Eltern; wir selbst können ein Lied davon singen: Wie oft haben wir versucht, unsere Tochter Xenia durch unser »Wohlverhalten«, durch jegliche Hilfsangebote, durch unser Eingehen auf alles, was sie als ihre Bedürfnisse angab, von ihrer periodischen schlechten Laune mit nachfolgendem Streit (meist zuerst mit den Schwestern, dann mit uns) abzuhalten – vergebens. Erst langsam haben wir gelernt, daß unsere Tochter überhaupt nichts gegen ihre Schwestern und gegen uns hatte, sondern lediglich einen – realen wie seelischen – Raum suchte, wo sie für sich sein konnte. Seit sie den hat, geht es wesentlich besser, sie schafft es sogar, wetterleuchtenden Streit mitunter selbst zu umgehen, sei es, daß sie sich intensiv mit ihrem Kater beschäftigt oder sich einfach entzieht und einige Zeit auf nichts antwortet.

Bernhard S. aus Miltenberg berichtet: »Meine Tochter Marie ist dreizehn, mein Sohn Walter siebzehn. Es gab bis vor einiger Zeit Tage, da war einfach überhaupt nichts zu machen, da gab es Streit an jeder Ecke. Selbst, wenn wir in unserer Not beide in ihr Zimmer verwiesen, haben sie sich noch übers Fenster beschimpft oder gegenseitig durch Aufdrehen von Musik, die der andere bekanntermaßen nicht mochte, weiter geärgert. Seit einigen Monaten bemerken wir eine Veränderung: Die beiden streiten jetzt fast nicht mehr, dafür aber bilden sie eine richtiggehende Phalanx gegen uns Eltern, vor allem gegen meine Frau, die tagsüber alleine zu Hause ist und die sie natürlich daher immer antreffen, wenn sie heimkommen. Da geht der Streit vom ersten Augenblick an los: Öffnet meine Frau die Tür, wird sie beschimpft, weil sie angeblich immer nur hinter der Tür steht und spioniert. Öffnet sie nicht, donnern er oder sie oder beide mit den Füßen gegen die Tür und schreien sie an: ›Hörst du vielleicht schlecht?‹ Am Abend, wenn ich nach Hause komme, empfängt mich er oder sie regelmäßig an der Tür und faucht: ›Deine Alte ist wieder mal schlecht gelaunt.‹ Als Walter einmal noch dazusetzte: ›Vielleicht solltest du sie wieder mal bumsen‹, da habe ich ihm eine geschmiert, wie seit Jahren nicht mehr (beim Nachrechnen haben wir festgestellt, daß wir seit mehr als fünf Jahren jegliche körperliche Strafe eingestellt hatten, bei beiden). Merkwürdigerweise wurde danach das Verhalten beider plötzlich schlagartig besser. Das zeigte sich zunächst gegenüber meiner Frau. Drei Tage nach der Ohrfeige trug Marie ohne Aufforderung den Mülleimer runter, und eine Woche danach überraschte mich Walter damit, daß er unser kleines Segelboot fertiggestrichen hatte, was ich wegen meiner vielen Arbeit nie geschafft hatte.«

Ein Psychologe half uns bei der Deutung dieses Verhaltens. Er nimmt an, daß die früheren Kabbeleien zwischen den Geschwistern der bekannten Zwangssituation des engen Zusammenlebens (Kinderzimmer Wand an Wand) entsprangen und die beiden zum einen einen Abstand zwischen sich herstellen wollten, zum anderen vielleicht aber auch zu der von den Eltern stark vormodellierten Harmonie untereinander. Als sie bemerkten, daß sie im Streit untereinander nicht weiterkamen, suchten sie gemeinsam mit Gewalt das zu sprengen, was sie als Teil ihres Unglücks empfanden: die übermächtige Fähigkeit der Eltern zum harmonischen Zusammenleben. Die spontane, heftige Reaktion des Vaters bei der Entgleisung des Sohnes könnte einer urplötzlichen Erkenntnis zum Durchbruch verholfen haben: daß nämlich die Eltern einander wirklich liebten und ihren Kindern diese Harmonie nicht nur vorspielten. Plötzlich war für die beiden Kinder die Sache nicht mehr so mysteriös wie vorher, und sie konnten es akzeptieren. Der Großteil der Streitlust wäre demnach ein schon bis in die vollautomatische Verkrampfung reichendes Abtasten der »Ehrlichkeit« jener elterlichen Vorgabe gewesen.

Allerdings haben wir auch durchaus gegenteilige Berichte über ähnliche Konstellationen gesammelt. In einem Fall kam es nach einer Ohrfeige, die auf eine mächtige Beleidigung durch den dreizehnjährigen Sohn ausgeteilt wurde, zu Handgreiflichkeiten zwischen Eltern und Kindern, die erst durch das Eingreifen der Nachbarn beendet wurden und wenige Monate danach zum Ausreißen der fünfzehnjährigen Tochter (die in diesen Streit gar nicht verwickelt war, aber seither in Angst lebte) mit einem Freund nach Spanien.

Frau Angelika B. aus Nürnberg berichtet: »Bei meinen beiden Töchtern, heute elf und fünfzehn Jahre alt, habe ich seit ihrem siebten, achten Lebensjahr bemerkt, daß es vor allem dann häufig Streit gab, wenn vorher etwas Schönes geschehen war, wenn wir uns in der Familie besonders wohlgefühlt haben. Ich muß dazu sagen, daß ich seit zehn Jahren von meinem Mann getrennt lebe, er aber immer wieder gerne zu uns kommt, ohne Annäherungsversuche zu machen, und dann unternehmen wir Ausflüge oder kochen gemeinsam oder spielen Tischtennis. Zuerst dachte ich, es sei eine Reaktion auf den Verlust des Vaters, daß sie danach immer so aggressiv waren, gegeneinander und gegen mich besonders. Aber es ist auch passiert, wenn ihr Vater gar nicht da war, auch nicht erwartet wurde und auch sonst nichts geschehen war, was die Gemüter hätte erhitzen können. Wir sahen einen schönen Film miteinander, sprachen noch darüber, und plötzlich war ein bitterböser Streit im Gange. Oder wir spielten Tennis mit Freunden, danach haben wir ein Eis gegessen, und ohne daß ich wußte, wie und warum, stritten die beiden vor allen Leuten. Einmal waren wir in Urlaub gefahren, den Ort in Oberitalien hatten sie sich ausgesucht, weil es dort Haflingerpferde gab, und alles schien schön, aber plötzlich begann Elke zu weinen, schrie mich mit unverständlichen Worten an, haute ihrer kleineren Schwester auf den

Kopf und spuckte den Kellner an, und das noch im Alter von dreizehn Jahren. Begründung hatte sie keine, sie sagte später bloß, es sei halt so über sie gekommen.«
Die Deutung dieser Vorgänge ist nicht leicht, doch könnte es durchaus sein, daß die Kinder den Verlust des Vaters eben doch sehr schmerzlich erlebt hatten und durch sein wiederholtes Kommen und Gehen vor allem einen Schluß gezogen haben: egal wie schön ein Erlebnis ist, das dicke Ende, der Verlust kommt immer hinterher. Und so mag sich bei ihnen vielleicht eine grundständige Aggressivität gegen schöne, harmonische Erlebnisse und Gefühle eingestellt haben, die verhindert, daß sie Schönes »einfach so« genießen können. Der Streit signalisiert massive Verlustängste.
Ein anderes Beispiel: Harry K., dreimal verheiratet und mit je zwei Kindern aus erster und zweiter Ehe versehen, beobachtete bei seiner zweiten, damals sechzehnjährigen Tochter, »einen oftmals an Schizophrenie erinnernden Launenwandel aus heiterem Himmel. Sally erzählte Witze, flirtete mit allen Jungen am Tisch, lachte über einen Kalauer, sprang dann plötzlich auf und schrie ›Ihr Dreckskerle, ihr Schweine, ich könnte euch alle umbringen‹, schlang die Arme um ihren Vater und schrie: ›Wirf sie alle hinaus, alle.‹« Da der Vater das nicht tat oder jedenfalls nach Gründen fragte, schloß sie sich oft tagelang in ihr Zimmer ein, und wenn sie herauskam, schrie sie jeden, den sie auf dem Gang traf, an und versuchte ihn mit allen Mitteln zu beleidigen. Harry hatte dafür keine Erklärung. Seine dritte Frau, eine Psychologin, rätselte über Ödipus-Komplexe und Verlustängste, testete das Mädchen auf eine möglicherweise verdrängte Vergewaltigung oder ähnliche Erlebnisse und suchte auch in ihrem eigenen Verhalten nach möglichen Motiven: Hatte sie das Mädchen durch ihre Nähe zu deren Vater eifersüchtig gemacht?
In diesem Falle kam die Lösung ganz überraschend zutage: eines Tages, als Sally nach Hause kam, waren alle anderen weggefahren, ihr elfjähriger Bruder und ihre beiden Stiefschwestern,

vier und sieben Jahre alt, und auch die Frau. Kurze Zeit danach kam ihr Mann nach Hause und traf eine vollkommen aufgelöste Sally zusammengekauert auf seinem Schreibtischstuhl: »Du hast sie hinausgeworfen, allealleallle. Aber doch nicht Miriam, doch nicht Miriam!« Miriam war die dritte Frau ihres Vaters. Geistesgegenwärtig nahm der Vater das folgende Gespräch mit seiner Tochter auf Band auf und spielte es einem Psychotherapeuten vor, der daraus entnahm: Das Mädchen hatte unentwegt um die Gunst ihrer Stiefmutter gebuhlt, nicht um die ihres Vaters und auch nicht um die ihrer Geschwister. Miriam war so etwas wie Sallys Wunschbild von sich selbst; aber da sie um die früheren Ehen ihres Vaters und deren Zerbrechlichkeit wußte, hatte sie unentwegt Angst vor dem Verlust dieser Frau gehabt. Hinter der Aufforderung, alle hinauszuwerfen, steckte wohl der Wunsch, eine Art exklusives »Nest« für die drei, Vater, Miriam und Sally, zu schaffen. Nach einigen Aussprachen mit dem Therapeuten wurden noch andere, von diesem aber als zweitrangig eingestufte Traumata aus den Kindertagen des Mädchens zutage gefördert. Sallys Hauptangst jedoch war ausgesprochen, ihre Streitlust wurde geringer und trat auch nicht mehr aus heiterem Himmel auf, sondern sozusagen »normal«, also dann, wenn es wirklich etwas zu mosern gab.

Eine Reihe von Beobachtungen im Rahmen unserer Gespräche und Befragungen legt die Annahme nahe, daß die in Form von Streit ausgesandten Signale mitunter stark alters- und rollenspezifischen Charakter aufweisen. So suchen offenbar Jungen unter zwölf Jahren im Streit sehr oft die mangelnde Nähe der Eltern anzudeuten, während in höherem Alter dasselbe Verhalten bei denselben Jungen oft das Gegenteil ausdrückt: Nun wollen sie bewußt und oft abrupt Abstand herstellen, vor allem in der Öffentlichkeit. Ein Achtzehnjähriger, der offenbar intensiv über den Sinn von Streit reflektiert hat, sagte: »Wenn wir ausgingen oder uns bei Freunden trafen, habe ich vorher ganz bewußt einen Streit angezettelt. Damit konnte ich dann meist verhindern, daß sich mein Vater vor den Leuten mit meinen Leistungen brüstete, zuerst mit meinen Schulnoten, dann beim Sport und schließlich auch noch mit meinem dritten Platz beim Wettbewerb ›Jugend forscht‹. Meine Mutter war über das Verhalten meines Vaters schrecklich unglücklich, aber es war nichts zu machen. Er hat mir mit seiner Angeberei eine Menge Freundschaften zerstört, weil mich nun alle als ›Wunderkind‹ oder ›Streber‹ hänselten. Gespräche mit ihm, das zu unterlassen, hatten überhaupt nichts geholfen. Da ist er eben heimlich zu den Leuten gegangen, hat sie von mir weggezogen und gesagt: ›Er will's ja nicht, daß man's erzählt, aber er hat schon wieder den Schulrekord im Zehnkampf gebrochen...‹ und so weiter.«

Mädchen, jedenfalls unserer Zufallsbefragung nach, streiten häufig, weil sie ernstgenommen werden möchten. Dies besonders, wenn sie mit Brüdern zusammenleben – die Bevorzugung des männlichen Geschlechts ist offenbar trotz aller Emanzipationsbestrebungen und Reflexionen auf die Rollenfixierung noch immer nicht abgeschafft, gleichgültig, ob der Bruder älter ist als das Mädchen oder jünger. »Meine Eltern hören überhaupt nur zu, wenn ich mit ihnen streite«, schreibt lapidar eine Dreizehnjährige, »und so wird manchmal die Frage der Farbe von Strümpfen, die ich kaufen will, zum Thema eines langen Streits, obwohl wir uns da leicht einigen könnten. Wenn mein kleinerer Bruder dagegen was sagt, hören ihm sofort alle zu, obwohl er erst acht ist.«

Auch beim Streit unter Geschwistern treten derlei Unterschiede immer wieder zutage. »Wenn mich mein Bruder wenigstens ernst nehmen würde«, notiert Gaby, vierzehn Jahre alt, »dann müßte ich weniger kreischen und ihm auch nicht immer solche Gemeinheiten sagen, wie sie mir dann herausrutschen.« Umgekehrt meint der dreizehnjährige Bernd, daß »ich meine Schwester nur dann aus meinen Angelegenheiten raushalten kann, wenn ich sie anschreie und wegen irgendwas verdächtige. Sonst kommt sie hinter mir hergedackelt, wohin ich auch gehe, und tötet mir den Nerv.« Das hat er auch seinen Eltern mehrere Male erklärt (was uns diese bestätigt haben), aber »die haben nur gesagt, daß es doch natürlich ist, wenn sie ihrem großen Bruder nachläuft, und daß ich sie halt mitnehmen soll.« Natürlich beklagen die Eltern den häufigen Streit, sind aber nicht bereit, diese Streitereien als Signal das Sohnes gegen die Einengung in der Familie anzusehen – und vor allem für den Wunsch, von seinen Freunden nicht mehr als Babysitter gehänselt zu werden.

In unserer Familie hat sich die spezifische Konstellation der drei Schwestern mit jeweils zwei Jahren Altersunterschied zu einer schwierigen Situation in puncto Streitsignale entwickelt. Jessica, die mittlere, ist jetzt dreizehn Jahre alt und sucht offenbar unentwegt nach Profilierungsmöglichkeiten gegen die beiden anderen: Xenia gilt allenthalben als hervorragende, zukunftsreiche Dressurreiterin, Rebecca, die Jüngste, ist in der Schule ein Crack, und Jessica dazwischen sucht nach ihrer Identität. So beharrt sie beispielsweise auf ihrem Berufswunsch »Schauspielerin«, wozu sie auch sicherlich Talente hat – auch gegen alle Vorbehalte der Eltern und auch einiger Lehrerinnen und Lehrer, die wissen, welch harter Wind in diesem Ambiente weht und welche persönlichen Erniedrigungen vor allem Frauen in diesem Beruf oft erleiden, wollen sie vorankommen. Wahrscheinlich ist Jessica diesen Argumenten gegenüber innerlich sogar eher aufgeschlossen, doch um so mehr und um so aggressiver hält sie an ihrem Wunsch fest. Sie weiß, daß ihr das mehr Aufmerksamkeit unsererseits beschert. Gegenüber ihren Schwestern hat sie gleichzeitig ein Verhalten aufgebaut, das auf den ersten Blick sehr arrogant wirkt: Fragen, die ihr die beiden anderen stellen, beantwortet sie nur noch ironisch oder mit einem »Tatatata«, um dann sofort loszuschimpfen, wenn diese sich über derlei Umgangsformen beschweren.

Uns ist klar, daß das alles mitunter sogar verzweifelte Hilfeschreie sind. Und wir versuchen, darauf einzugehen, indem wir sie einerseits in ihren Stärken fördern: in ihrer hervorragenden Sprachbegabung zum Beispiel, die sie befähigt, die italienischen Manuskripte ihres Vaters zu korrigieren, und in ihrem Durchblick bei den in Italien immer hochkomplizierten bürokratischen Vorgängen, die sie mitunter auch schon selbständig erledigt; in ihrem guten Geschmack, wegen dessen sie häufig in Kleidungs- und Ausstattungsfragen zu Rate gezogen wird. Andererseits versuchen wir, nach Streitereien mit ihr über die Sache zu reden, und dabei ist sie von allen dreien am aufgeschlossensten und auch am ehesten bemüht, ihr Verhalten zu ändern. Doch wie so häufig – wir haben das ausführlich in unserem ersten Buch, »Barbie und Pistolen« dargestellt – stülpt sich dann gelegentlich auch wieder der graue Alltag über all unsere guten Vorsätze, wir sind unaufmerksam, erkennen neue Signale nicht schnell genug, und dann verhärtet sich alles, bricht Jessica Streit vom Zaun, wo wir es nicht erwartet haben, oder läßt sich von ihren Schwestern provozieren. Und alles geht wieder von vorne los. Sisyphus läßt grüßen.

»Die Alten wollen doch immer nur recht behalten!«

Wie Kinder den Streit mit ihren Eltern erleben

Daß familiärem Streit die Versöhnung oder jedenfalls eine Glättung der Wogen folgt, ist in der Mehrheit der Fälle ausgemacht, wenn auch nicht immer. Dafür müssen alle Beteiligten von zwei wesentlichen Grundvoraussetzungen überzeugt sein: erstens, daß der möglicherweise entstandene »Riß« wieder zu flicken oder sogar zu heilen ist, und zweitens, daß jedenfalls auch nach dem erbittertsten Streit noch ein zivilisiertes Zusammenleben möglich ist.

Nur selten fragen sich Eltern allerdings, wie ihre Kinder den Streit mit ihnen erleben. Das gilt insbesondere für die alltäglichen Streitereien: Während Eltern nach dem ganz großen Knatsch schon mal in sich gehen und vielleicht der eine Partner dem andern klarzumachen versucht, welchen Eindruck sie beide damit auf die Kinder gemacht haben, fallen die »ständigen«, aber dafür banaleren Streitereien aus dem Reflexions-Raster meist völlig heraus. Doch gibt es Anhaltspunkte, daß gerade sie am meisten zermürben und die Kinder immer weiter von ihren Eltern entfernen – und das weniger im Sinne einer sinnvollen Emanzipation, sondern eher in Richtung auf einen irreversiblen Bruch, an dessen Ende die Überzeugung steht, daß man »mit den Alten echt nicht reden kann«, nicht mal über die einfachsten Dinge.

Wir haben in unserem Buch »Barbie und Pistolen« eine Episode aus unserer Familie beschrieben, als der Vater nach einem heftigen Wutanfall und mächtigem Streit mit den Kindern reumütig in deren Zimmer schlich, um ihnen zu sagen, daß sie es nicht immer so ganz ernstnehmen sollen, wenn der Papi mal ausflippt. Die Antwort: »Ach Papi, wir nehmen dich überhaupt nicht ernst.« Wir haben es damals als große Erleichterung empfunden, daß wir, auch wenn wir uns mal vergaloppieren, bei den Kindern solchen Kredit haben und daß sie sich ein derart klares Urteil bilden, wenn einer der Eltern eben nur mal Streit sucht, um sich abzureagieren.

Doch eine solche Haltung kann sich natürlich unter Umständen auf die gesamte Eltern-Kind-Beziehung übertragen, und sie kann sich auch dann einstellen, wenn es ausnahmsweise durchaus mal angebracht wäre, einen Streit ernstzunehmen. Sicher sind manche Kinder um so »abgehärteter« gegen Streit, je öfter er vorkommt, je unverständlicher er ihnen bleibt und je lächerlicher der Streitgegenstand ist. Dabei kann leicht die Einstellung entstehen, daß die Eltern mit den Kindern nur deshalb streiten, weil sie sich stärker fühlen und am Ende notfalls eben fehlende Argumente durch Befehle oder gar Ohrfeigen wieder ersetzen. So schimpft zum Beispiel Jessica gelegentlich selbst dann, wenn die Tatsachen ganz offensichtlich gegen ihre Behauptungen sprechen, und behauptet, das Katzenklo gerade eben geleert zu haben, während es noch voller Dreck hinter ihrer Tür steht, und setzt zum Schluß ein: »Du willst ja immer nur recht behalten« drauf.

Bis es zu so einer verhärteten Haltung kommt, ist wahrscheinlich vieles vorausgegangen – eine unendliche Reihe kleiner Mosaiksteinchen, gewonnen aus kleinen oder auch größeren Streitigkeiten mit den Eltern oder aus der Beobachtung, wie die Eltern mit den anderen Geschwistern streiten. Am Anfang steht bei den meisten Kindern, oft schon im Babyalter, das Gefühl des Liebesentzugs. Den ersten »Streit« mit Mutter oder Vater erlebt das Baby, wenn es trotz aller »Liebesbemühungen« nicht trinken oder nicht schlafen will oder beim Wickeln zu heftig strampelt und sich durch nichts beruhigen läßt. Die Mutter oder der Vater drohen erst freundlich, doch alsbald verhärtet sich die Stimme, am Ende steht meist ein leichter Ruck, ein leichtes Schütteln: Wirst du jetzt wohl trinken? Es ist doch nur zu deinem Besten! – Schlafen muß das Kind, gerade weil du weinst, mußt du schlafen! – Jetzt halt doch mal still, ich krieg das Höschen nicht rauf, du holst dir noch eine Erkältung. Aber das Baby will einfach nicht, es wehrt sich, weint lauter und lauter – seine Art zu streiten. Die Abwendung der Eltern versteht es natürlich überhaupt nicht, empfindet sie aber als schlimm, wenn es nun – »dann eben ohne Essen!« hart ins Bett gelegt und alleingelassen wird.

Auch später hat Streit für Kinder zunächst meist etwas Entzughaftes: Mami und Papi schmusen nicht mehr, auch wenn das Kind nun angelaufen kommt: »Du warst böse!« lautet der Zeigefingerhinweis auch dann noch, wenn das Kind längst zu Kreuze kriecht und sein liebstes Gesicht aufsetzt, weil es auf den Schoß will. Und so weiter und so fort: je älter das Kind, um so massiver bei den einen, um so subtiler bei den anderen Eltern der Liebesentzug: Da hört der Vater plötzlich schlecht, wenn es ums Taschengeld geht (obwohl der Streit schon seit Stunden vorbei ist), da fragt die Mutter nach, ob das Kind denn glaube, es habe die Erfüllung eines Wunsches »wirklich verdient?« Da dekretiert der Vater oder die Mutter noch während des Streits: »So, und nun reden wir mal Tacheles: Die nächsten drei Tage Ausgehverbot«, oder »Die Fahrt mit deinen Freunden kannst du dir an den Hut stecken.«

Freilich: Je älter die Kinder werden, um so weniger »nützt« das alles (hat es denn je genützt?) – sie werden zumindest scheinbar unempfindlicher, kalkulieren Strafen bereits ein, wenn sie sich auf einen Streit einlassen, und stecken die am Ende stehende Demütigung, Strafe oder auch nur die Niederlage weg, jedenfalls äußerlich, ohne mit der Wimper zu zucken.

Oftmals dreht sich dann die Spirale der Sanktionen weiter – »Irgendwie muß man denen doch klarmachen, wer hier recht hat!« Für die Jungen und Mädchen meist ein weiterer unverständlicher Aspekt: Es genügt nicht, daß sie nicht recht bekommen, sie sollen dafür meist auch noch »büßen«, das heißt, sie sollen lang und breit einräumen, daß sie im Unrecht waren. »Ich habe schon den Eindruck, daß unser Jens seit seinem zwölften, dreizehnten Lebensjahr einsieht, wenn er unrecht hat, und wir machen ihm notfalls auch im Streit klar, daß er unrecht hat. Aber er würde es nie zugeben, und unserer Meinung nach können wir erst dann wieder richtig zueinanderfinden, wenn dies auch allen gegenüber klargestellt ist«, schreibt ein Ehepaar aus Regensburg. Doch Jens tut ihnen den Gefallen nicht, und so vermerken die Eltern, daß nach einem Streit »meist drei bis vier Tage, manchmal eine ganze Woche vergehen muß, ehe die Stimmung wieder einigermaßen herzlich ist.«

Auch das wird wohl in vielen Fällen eines jener Mosaiksteinchen sein, die bei vielen Kindern langsam die Überzeugung wachsen lassen: Streiten mit den Eltern endet immer zu Ungunsten der Kinder. Einige der von uns befragten Jugendlichen berichteten zum Beispiel, daß ihre Eltern durchaus zugaben, wenn sie im Unrecht waren oder beim Streit überzogen hatten. Doch fast die Hälfte dieser Jugendlichen berichtete auch, daß sich die Eltern danach so offensichtlich schlecht fühlten, manchmal sogar regelrechte Krankheitszeichen signalisierten (Migräne!), daß den jungen Menschen der Sieg im Streit noch weniger schmeckte als eine Niederlage. »Wenn ich am Ende sage, die Alten haben recht«, sagt die fünfzehnjährige Michaela, »dann sind sie gleich wieder viel freundlicher. Wenn ich ihnen beweise, daß sie Unrecht haben, manchmal geht das ja mit Dokumenten, etwa wenn sie lügen, dann dauert es viel länger, bis sie wieder einen einigermaßen guten Kontakt zu mir herstellen.«

Sicher verfahren nicht alle Eltern so, daß die Kinder sich miserabel fühlen, selbst wenn sie bei einem Streit offenkundig recht haben. Wir haben bei etwa einem Drittel der von uns befragten Kinder und Jugendlichen (bei letzteren allerdings weniger als

bei ersteren) erfahren, daß familiärer Streit meist ohne böse Folgen bleibt, daß man sich »immer noch mag« oder sich zumindest nicht weiter gegeneinander verhärtet. Allerdings haben die meisten auch dieser Kinder und Jugendlichen eingeräumt, daß sie von Streit zu Streit mehr zu der Überzeugung kommen, die Gewichte seien ungleich verteilt. Die Erwachsenen würden ihren Wissensvorsprung ebenso wie ihre sonstigen Machtbefugnisse zumindest ab und zu ausnützen, Streit in ihrem Sinne zu beenden. Und so wurde »Streit, den die Eltern gewinnen«, oft über eine Strichleiste mit der Konsequenz »da mag ich meine Eltern weniger als zuvor« verbunden.
Eine überraschend hohe Anzahl von Jugendlichen aber gab »Ist mir gleichgültig« an, wo es um die Frage nach der Befindlichkeit nach Streit mit den Eltern ging. »Streit ist halt normal«, sagte uns ein Zwölfjähriger aus Deggendorf, »ich versuche, da gar nicht hinzuhören, und nur wenn mein Vater mich dann anbrüllt, ich solle gefälligst antworten, sage ich halt etwas.« – »Irgendwann habe ich aufgehört, nach Streit in meinem Zimmer zu weinen oder später von Mutti oder Vati Erklärungen zu erbitten«, vermerkt Beatrix, sechzehn Jahre alt, aus Reinheim, »es wurde mir gleichgültig.« Dabei erklärt sie aber, daß sie sowohl ihre Mutter als auch ihren Vater »an sich in Ordnung« findet, was sie vor allem darauf zurückführt, daß die »gelernt haben, sich eben nicht zuviel in meine Angelegenheiten zu mischen«.
Offenbar empfinden die meisten Kinder und Jugendlichen Streit mit den Eltern nicht nur als Liebesentzug, sondern auch als massiven, teilweise – auch ohne Tätlichkeiten – als geradezu gewalttätigen Versuch der Einflußnahme auf ihre eigenen Entscheidungen oder ihre Auseinandersetzung mit der Welt. Sehr fein wußten auch die meisten der von uns befragten Töchter und Söhne (sechzig Prozent) zu unterscheiden zwischen einem »Krach, der auf mein eigenes Fehlverhalten zurückzuführen ist« und solchem, der ein »Thema betrifft, das zwischen meinen Eltern und mir umstritten ist«. Dennoch befanden die meisten

der Befragten, die diese Unterscheidung trafen, auch beim Krach um eigenes Fehlverhalten die Reaktion der Eltern im Streit als »übertrieben«; in Aufsätzen kommt zudem zum Ausdruck, daß viele Kinder und Jugendliche ihren Eltern eine Tendenz zum »Breittreten und langatmigen Wiederkäuen der Sache« (so ein Fünfzehnjähriger aus Berlin) ankreiden: »Wenn ich schon lange gesagt habe, daß es mir leid tut, hacken die noch immer auf dem Fehler herum«, schreibt Monika, sechzehn Jahre, »und darum habe ich oft auch gar keine Lust, Fehler zuzugeben, weil es ja doch nichts bringt.« Der vierzehnjährige Andreas hat sogar beobachtet, daß das »Zugeben von Fehlern im Streit böse ausgenutzt wird, indem sie es einem dann bei einem späteren Krach, wo man aber recht hat, vorhalten, daß man damals nicht recht hatte«. Konsequenz auch hier: »Seither gebe ich einfach nicht mehr zu, daß ich eingesehen habe, daß ich da was falsch gemacht habe.« Und der Faden zwischen Eltern und Jugendlichen, in diesem Alter sowieso nur noch selten intakt, reißt endgültig.
Allerdings berichten viele Kinder und Jugendliche in der anonymen Befragung, wie oft sie nach einem Krach mit den Eltern im stillen weinen oder sich jedenfalls hundsmiserabel fühlen: Mehr als die Hälfte berichtet von solchen Anwandlungen, gleichgültig, ob sie sich im Recht fühlen oder nicht, ob sie den »Draht« zu ihren Eltern noch als intakt empfinden oder nicht. Beispielhaft etwa der Aufsatz einer Fünfzehnjährigen, in dem ein mitunter haßähnliches Verhältnis zur Mutter zum Ausdruck kommt: »Wenn wir gestritten haben und wir uns alles Gemeine an den Kopf geworfen haben, was uns einfällt, dann bin meist ich die Siegerin, weil ich schneller schreien kann. Dann steht meine Mutter da und findet keine Worte mehr, und ich fühl mich richtig stark. Aber ich fühle mich auch schlecht. Manchmal muß ich kotzen. Einmal habe ich auch gesehen, daß meine Mutter gekotzt hat.« Ähnlich ein Fünfzehnjähriger aus Frankfurt: »Wenn wir gestritten haben, denke ich mir immer,

jetzt laufe ich weg, damit meine Eltern so richtig leiden und nicht wissen, wie sie das den Nachbarn und Freunden erklären sollen. Besonders wenn ich weiß, daß ich recht habe, komischerweise nicht so stark, wenn ich unrecht habe. Aber dann möchte ich nicht weglaufen, ohne denen was besonders Böses gesagt zu haben. Und als ich es einmal versucht habe, bekam ich kein Wort heraus.«

Möglicherweise sind das zwei besonders extreme Fälle, aber auch harmlosere Konstellationen weisen durchaus beunruhigende Komponenten auf: »Nach Streit mit meinen Eltern habe ich oft tagelang keinen Hunger mehr«, berichtet eine Sechzehnjährige, »und ich wundere mich oft, wie meine Eltern nach so einer Sache wieder lachen und beim Essen hinlangen können.«

Gerade in dieser letzten Bemerkung kommt sehr viel von dem zum Ausdruck, was Kinder und Jugendliche empfinden und nach einem Streit von ihren Eltern erwarten: Streit bringt in vielen Fällen tiefe Verletzungen mit sich, und die Kinder und Jugendlichen möchten oft nicht, daß die Eltern danach einfach so wieder zur Tagesordnung übergehen. »Mein Vater kann einem eigentlich nicht böse sein«, sagt Hermine, vierzehn Jahre alt, »er bricht oft mitten im Streit ab und sagt ›Das ist doch alles nicht wert, daß wir uns angiften.‹ Dann umarmt er mich oder küßt mich schnell mal auf die Stirn und ist wieder heiter. Aber ich kann nicht so schnell wieder lusttig sein. Gleich, ob ich beim Streit recht hatte, oder ob er dabei schnell zugibt, daß ich recht habe. Ich muß dann viel Zeit haben. Am liebsten gehe ich in mein Zimmer und muß lange Zeit Musik hören. Aber das will mein Vater dann nicht, er fordert einfach, daß nun alles wieder gut ist.«

Ein Satz, der im übrigen auch unsere eigene Situation recht gut wiedergibt: Speziell der Vater, der schon mal leicht explodiert, ist gleichzeitig immer sofort wieder bereit, Versöhnung zu feiern – und danach eingeschnappt, wenn die Töchter da nicht so schnell oder so eifrig mitmachen wie er. Die Arbeit am Abbau dieser Harmonisierungs-Wuselei ist noch im Gange – manchmal gelingt es dem Vater, die Kinder nach dem Ende des Streits in Ruhe zu lassen, bis sie von selbst wieder zu ihm kommen, manchmal nicht. Die Mutter, die zurückhaltender ist und sich niemandem aufdrängt, versucht ihr Bestes, auch den Vater in dieser Hinsicht umzuerziehen. Der Erfolg ist noch ungewiß.

»Manchmal muß man Streit mit den Kindern auch provozieren«

Krach als pädagogisches Mittel zum Zweck?

Nicht nur Kinder benutzen Streit als Mittel, um sich der erdrückenden Liebe oder Umklammerung der Eltern zu entziehen und eigene Schritte ins Leben zu tun. Auch Eltern sehen nicht selten im Streit das einzige Mittel, ihren Kindern die eigenen Vorstellungen und mitunter auch die eigenen Befindlichkeiten deutlich zu machen. Und mitunter nutzen sie Streit gar als »pädagogisches« Mittel.

»Manchmal muß ich Streit vom Zaun brechen, weil die Kinder nur dann den Ernst der Lage einsehen«, rechtfertigt ein Vater sein streitbares Verhalten, um dann Situationen aufzuzählen wie etwa die folgenden: »Wenn sie zum Beispiel unbedingt mit einer Gruppe fortgehen wollen, von der ich definitiv weiß, daß da junge Gangster dabei sind, oder wenn sie unbedingt Dinge kaufen wollen, die nicht nur teuer sind, sondern auch unsinnig. Manchmal geht es auch nur um den guten Ton zu Hause, wenn sie sich in die Sessel reinlümmeln und nicht im Traum dran denken, meiner Frau im Haushalt zu helfen.« Eine Liste, die nicht so recht überzeugen kann – jedenfalls erscheint uns nichts davon als wirklich bedrohliches oder auch nur selbstgefährdendes Fehlverhalten der Jugendlichen, was derartige Mittel vielleicht nachvollziehbar machen könnte. Abgesehen davon könnte ja auch mal der Vater im Haushalt helfen … Allerdings wollen wir hier auch nicht vorschnell urteilen – wir kennen die Vorgeschichte nicht, und vielleicht hat sich in dieser Familie aus den unterschiedlichsten Gründen bereits eine derartige »Gehörlosigkeit« eingestellt, daß nur noch Argumente »über 120 Dezi-

bel«, wie ein anderer Vater sich ausdrückt, ihren Weg in die Gehörgänge der Disco-Generation finden.
Schwerwiegender scheint uns ein anderer Bericht: »Wenn ich meinen beiden Kindern, einem Mädchen von dreizehn und einem Jungen von zehn Jahren, ausnahmsweise einmal ein Bedürfnis meinerseits klarmachen möchte«, schreibt uns Frau Anita B. aus Mainz, »etwa daß ich, nach der anstrengenden Arbeitswoche als Bewegungstherapeutin am Vormittag und drei Stunden Büroputzen als Zubrot, weil wir sonst ohne unseren früh verstorbenen ›Ernährer‹ nicht auskommen, mitteile, daß ich am Wochenende gerne mal ins Grüne fahren würde zum Ausspannen, gibt es nur lange Gesichter und Gemotze, und wenn sie können, sabotieren sie es regelrecht, notfalls mit einer simulierten Krankheit. Meine Versuche, für die Kinder ab und zu etwas anderes zu organisieren, zum Beispiel, daß sie übers Wochenende zu Verwandten oder Bekannten gehen und ich so dann doch mal ausspannen und meinen geschundenen Rücken pflegen kann, geht auch das nicht. Sie wollen, daß ich bei ihnen bin oder sie bei mir, aber sie wollen nicht, daß dabei Erholung für mich rausspringt. Erst wenn ich so am Donnerstag oder Freitag einen Riesenkrach wegen irgend etwas vom Zaun breche und so tue, als würde ich mich schrecklich aufregen (manchmal rege ich mich auch wirklich schrecklich auf), kommen sie irgendwie zu sich und fragen mich dann, wenn ich nur noch nach Luft schnappe, danach, was ich am Wochenende tun möchte, und dann machen sie auch wirklich gerne mit.«
Nicht wenige der von uns befragten Eltern berichten von ähnlichen Vorgängen: »Es macht mich ganz verrückt«, sagt Sieglinde K. aus Starnberg, geschieden, Mutter zweier Jungen von vierzehn und zwölf und eines Mädchens von sechzehn, »daß ich bei den einfachsten Dingen, die ich mit den Kindern zu besprechen habe, schon allein dadurch auf den Hintern falle, daß die einfach nicht zuhören wollen oder, wenn sie so getan haben, als hörten sie zu, mit einer derartigen Abruptheit über etwas

anderes reden, daß ich daraus nur entnehmen kann, die Sache interessiert sie keinen Deut. Und dennoch handelt es sich um Dinge, die man natürlich besprechen muß. Zu Beispiel, wann und wo ich sie nach einem Fußballspiel abholen soll, ich kann ja nicht stundenlang warten, oder wenn es darum geht, das Haushaltsgeld für den kommenden Monat zu planen, weil wir nicht viel davon haben. Die sagen mir dann, ist scheißegal, aber dann kommen sie alle fünf Minuten daher und wollen etwas. Und wenn ich sage, daß wir das ja nun ausführlich besprochen haben und nun nichts dafür da ist, maulen sie herum. Wenn ich den Monat gut planen will, muß ich die drei erst in eine Art Zwangssituation bringen, indem ich heftig mit ihnen streite, dann hören sie eine halbe Stunde zu. Leider geht solcher Streit bei mir oft nur mit Tränen ab, und einige Male habe ich auch gedroht davonzulaufen. Das wirkt einigermaßen, aber ich fühle mich dabei auch nicht wohl.«

Nur ein Vater hatte offenbar ein klares, wenn auch nicht durchweg einsehbares Konzept für Streit aus pädagogischen Gründen – nicht zufällig handelte es sich dabei um einen Universitätsdozenten. Der Vater zweier Jungen von sechzehn und vierzehn Jahren berichtet: »Bei bestimmten Themen habe ich die Erfahrung gemacht, daß diese im Guten nicht ausdiskutierbar sind. Zum Beispiel die Frage der Ordnung zu Hause: Wir gestalten diese durchaus liberal, setzen aber bestimmte Eckwerte insofern, als jeder nur in seinem Zimmer Unordnung haben kann, in den Gemeinschaftsräumen wie Wohnzimmer, Küche und Bad aber nicht. Gleiches gilt fürs Nachhausekommen: Auch hier geht es nur um die klare Aussage darüber, wann man geht und kommt, beziehungsweise ums Abtelefonieren, wenn etwas dazwischenkommt. Und ebenso über schulische Leistungen. In all diesen Fällen muß ich die Diskussion an eine Art ›Sekundärmotivation‹ anbinden, das heißt, ich sorge dafür, daß meine Söhne durch die Form des Streites, die die Auseinandersetzung annimmt, aufs höchste konzentriert sind und daher auch gut zuhören, was ich sage, weil sie ja darauf antworten müssen. Damit ist gesichert, daß sie nicht durch Ablenkung oder Weghören behaupten können, sie hätten das gar nicht mitbekommen. Während des Streits versuche ich dann jeweils, gewisse Kompromißangebote zu machen, die sie in der Regel erkennen und über die wir dann verhandeln. Meist gelingt es mir dann, von dem bösen Streit zu einer eher solidarischen Auseinandersetzung überzugehen.« Der Glückliche.

Dagegen beschreiben die meisten Eltern, die durch Streit Aufmerksamkeit zu erlangen suchen, daß auch der pädagogisch ausgedachte Krach sehr leicht ausufert, nicht mehr steuerbar ist oder sich gar ins Gegenteil verkehrt. »Es ging lange Zeit ganz gut mit den von mir ausgedachten künstlichen Streitereien«, meint selbstkritisch eine Lehrerin, Mutter dreier Kinder von derzeit dreizehn, siebzehn und 21 Jahren, »bis ich merkte, daß die Kinder das Manöver durchschauten. Da bin ich in die Defensive geraten, weil die Kinder nun ihrerseits Streit strategisch zu planen begannen. Wollten sie am Nachmittag weggehen, verweigerten sie zunächst das Mittagessen, und dann suchten sie mir, im Krach, die Erlaubnis durch Wohlverhalten beim Spinat oder dem Tellerfleisch abzuhandeln. Mir selbst wurde schlagartig klar, in welche Falle ich getappt war, als ich einmal einen nicht geplanten, sehr bösen Streit wegen meines Lebensgefährten mit den dreien hatte, und alle drei annahmen, es handle sich wieder mal um eine meiner taktischen Finten. Ich bin voll aufgelaufen, wußte gar nicht mehr aus noch ein, und nur weil die Älteste, damals fünfzehn, irgendwie doch erkannte, daß diesmal etwas anders ist, bin ich wieder zu mir gekommen, ich glaube, ich hätte mich damals sogar umbringen können.«

Zweifellos die größte Gefahr beim strategischen Streit aus »pädagogischen« Gründen: Er wirkt nur, solange er nicht als solcher entlarvt wird – und er kann, wird er durchschaut, alle »ehrlichen«, an den eigenen Nerv gehenden Streitfragen bis zur

Sinnlosigkeit torpedieren, weil nun auch existentielle Auseinandersetzungen von den Kindern nicht mehr ernst genommen werden. Wie viele Eltern das umgekehrt bei ihren Kindern anwenden, wenn diese sie einmal durch künstlich hervorgepreßte Tränen zu etwas »überredet« haben und nun jahrelang vorgeworfen bekommen, sie spielten ihre Verzweiflung grundsätzlich nur vor.

Vertrauensvoll und gradlinig, wie vor allem jüngere Kinder meist noch sind, merken sie allerdings erst recht spät, welchen Hintergrund von den Eltern inszenierter Streit hat. Um so eifriger wenden viele Eltern dieses vermeintlich durchschlagende Mittel an und erkennen nur selten, wie leicht sie dabei die verantwortungsvolle Überprüfung der Sachlage aus den Augen verlieren. »Nur mit Krach« seien die wichtigsten Fragen in der Familie zu klären, schreibt ein Vater aus München, und daher »habe ich mich schon seit langer Zeit einfach darauf eingerichtet, diese wichtigen Fragen im Streit zu klären, das heißt, ich breche ihn ganz bewußt zu einem Zeitpunkt vom Zaun, zu dem ich mich einigermaßen darauf konzentrieren kann, und wenn ich weiß, daß die Kinder selbst durch irgendwas, zum Beispiel durch bestimmte Wünsche für die nächsten Stunden oder Tage, zur Aufmerksamkeit gezwungen sind.«

Bei solchen Schilderungen können wir einen gewissen Argwohn nicht loswerden: ob nämlich der gute Vater nicht bloß wie ein raffinierter Feldherr grundsätzlich einen Terrainvorteil sucht und darauf achtet, daß die Kinder in einer möglichst schwachen Position sind und bleiben. Unser Argwohn wird auch dadurch geschürt, daß in dem Brief die »wichtigsten Fragen in der Familie« nicht näher bezeichnet werden. Offenbar nimmt der Vater hier die Definitionsmacht über das, was wichtig ist, quasi per »Amtsgewalt« in Anspruch, und so sind die Kinder von vornherein die Unterlegenen in diesem Machtspiel.

»Pädagogisch« eingesetzer Streit ist ein Mittel, auf das Eltern im allgemeinen verzichten sollten, selbst dann, wenn sie sicher sind, die Sache in der Hand zu behalten. Die Rollen sind dabei ungleich verteilt, und je älter die Kinder werden, desto genauer durchschauen sie das falsche Spiel. Und, was schlimmer ist, sie lernen es – durch Nachahmung.

Natürlich geht es auch uns auf die Nerven, wenn unsere Töchter regelmäßig schwerhörig werden, wenn wir versuchen, etwas in ruhigem Ton zu erklären; und natürlich haben auch wir die Erfahrung gemacht, daß man auch noch so berechtigten Anliegen mitunter kaum anders als mit erhöhter Lautstärke und entsprechender Wortwahl die notwendige Beachtung verschaffen kann. Eine Erfahrung, die übrigens mit zunehmendem Alter von Eltern wie Kindern häufiger zu werden scheint – offenbar steigt die Unduldsamkeit mit zunehmendem Alter auf beiden Seiten, auch wenn andererseits manche Themen nicht mehr so wichtig erscheinen, daß man sich deswegen streiten würde.

Letzteres ist nicht zuletzt der Erfahrung zu verdanken, daß einem häufig Dinge, die im Augenblick des Streits so ungeheuer wichtig und notwendig erschienen, später in der Tat gar nicht so bedeutend waren. Viele Probleme, die uns noch vor wenigen Jahren den Zusammenhalt der Familie, das Wohlergehen unserer Kinder, die Zukunft unserer Beziehungen zu gefährden schienen, erwiesen sich später oft als reichlich aufgebläht. Manchmal kam das durch unsere augenblickliche Laune, durch unsere Gemütsverfassung zustande, oft auch durch Unaufmerksamkeit – »um Himmels willen, an so was habe ich doch noch gar nicht gedacht!« – und manchmal auch nur dadurch, daß wir uns vom Entsetzen oder der Entschlossenheit unserer Kinder haben mitreißen lassen, ohne zu reflektieren, daß das Ganze schon am nächsten Tag ganz anders aussehen mochte.

Gelassenheit kann in solchen Momenten vieles verhindern. Leider lernen wir Menschen nur langsam aus solchen Erfahrungen. Und es gibt Themen, bei denen wir es offenbar nie lernen – auch wenn wir noch so oft schon wenig später erkennen, daß wir nur zum x-ten Mal dasselbe Verhaltensmuster an den Tag gelegt haben, das wir eigentlich schon immer ablegen wollten. Ganz besonders gilt dies, wenn wir ab und zu die Finessen reflektieren, die wir immer wieder anwenden, wenn Streit droht. Sie sind oft so eingefahren, daß wir selbst schon glauben, es handle sich gar nicht um äußerliche Strategien, sondern um den inhaltsbezogenen Fortgang des Streits.

»Bist du endlich fertig?«

Strategische Finessen im Streit
Ein Exkurs

In ihrem Buch *Getting To Yes* (Deutsch: *Das Harvard-Konzept*) stellen die Professoren Roger Fisher und William Ury eine ansehnliche Reihe von Möglichkeiten vor, Streit strategisch aufzubauen, ihn bei Verhandlungen zu nutzen – und dann natürlich, das Ganze wurde nicht zufällig in Amerika erdacht, zu gewinnen. Das reicht von der Vorbereitung eines Streits mit Hilfe überraschender Gesten – schwierige Partner werden entweder (»Peitsche«) auf unbequeme Stühle oder in abgelegene Winkel komplimentiert, oder (»Zuckerbrot«) von gutaussehenden jungen Frauen mit Konfekt und edlen Getränken umsorgt, was ihre eigene Streitfähigkeit unterminiert. »Niemals sollte man Gegnern gegenübersitzen«, empfehlen die Autoren, »am besten setzt man alle auf eine Seite, gegenüber einer Wandtafel, auf der die Gegensätzlichkeiten aufgeschrieben oder deutlich sichtbar ausgehängt werden – dann gilt es, die Tafel zu ›besiegen‹ und nicht den Gesprächspartner.« Auch der Kompromißsuche wird in dem Buch viel Platz eingeräumt, und nicht zuletzt auch der Behandlung »besiegter« Gegner – schließlich weiß man ja nicht, ob man sie möglicherweise noch mal braucht.

Unterzieht man die Vorschläge einer genauen Betrachtung, so handelt es sich um die wohl schlitzohrigste Sammlung strategischer Anweisungen für den Streit, die man sich vorstellen kann – ein Lehrbuch, wie man seinen Gegner am besten zum eigenen Vorteil über den Tisch zieht, berechnet vor allem für Manager und Unternehmer. Als mir vom deutschen Lizenzverlag damals die Übersetzung angetragen wurde, habe ich lange gezögert, den Auftrag dann aber übernommen und die hochgestochene, nur Insidern verständliche Harvard-Diktion in eine sehr einfache Sprache übertragen, so daß die deutsche Version noch jedem Gewerkschafter oder Bauernfunktionär allgemeinverständliche Erkenntnisse darüber vermitteln konnte, wie er von seinen Gegenübern geleimt wird. Das Buch wird inzwischen häufiger unter den potentiellen Opfern solcher Verhandlungskunst denn unter den eigentlich angepeilten Managern weitergereicht.

Jedenfalls hatten wir dadurch gelernt, wie einfach es oft ist, andere beim Streit zu blockieren, zu verwirren, lahmzulegen. Und als wir daraufhin unser eigenes Streitverhalten reflektierten, mußten wir einräumen, daß wir – häufiger der Vater als die Mutter – mehr oder weniger unbewußt ebenfalls zu einigen der im Buch beschriebenen Methoden gegriffen, also sich anbahnenden Streit bereits von vornherein »klimatisch« zu bestimmen gesucht hatten. Etwa indem wir unseren Kindern, wenn eine Auseinandersetzung bevorstand, erst mal etwas Gutes taten, was natürlich ihre Streitposition von vornherein schwächte, vor allem dann, wenn eigentlich sie selbst damit beginnen mußten. Oder wir haben von den Kindern zu Recht begonnenen Streit dadurch zu torpedieren versucht, daß wir auf andere Themen ablenkten, Argumente einführten, die gar nichts mit dem eigentlichen Thema zu tun hatten, auf schnelles Zur-Sache-Kommen oder mehr Klarheit drängten. Erst sehr langsam haben wir gelernt, wie radikal man sich damit genau das verscherzen kann, was beim Streiten die wichtigste Rolle spielt: daß man nämlich vom anderen ernstgenommen wird. Seither bemühen wir uns, Streit, wo immer es möglich ist, ohne strategische Finessen so ablaufen zu lassen, wie er eben läuft. Und wie es scheint, haben unsere Kinder daran nun doch langsam wieder Gusto gefunden.

Im folgenden werden wir eine Reihe vor allem von Eltern gegenüber Kindern – mitunter auch von älteren Geschwistern gegenüber jüngeren – benutzte strategische Finessen beim familiären Streit skizzieren und bewerten. Einige davon überschneiden sich mit den oben beschriebenen Streitfiguren, haben aber in diesem Zusammenhang eine andere Funktion, wie wir sehen werden.

Den Wind aus den Segeln nehmen
Eine der »bewährtesten« Finessen beim Streit besteht darin, dem Gegner – gegenüber Kindern ebenso beliebt wie einfach – die voraussichtlichen Argumente bereits vorwegzunehmen, bevor sie diese selbst formulieren können: »Sag jetzt nicht, daß das alles ...«, ist die einfachste Form dieser Strategie, aber auch: »Darauf könntest du nun antworten, daß ..., aber dem ist eben gerade nicht so, sondern ...« Und schon liegt das Sperrfeuer quer über den Argumenten des Gegenübers: Wer bereits eine Antwort auf eine Frage gibt, die noch gar nicht gestellt ist, »schließt« alles ab, was er vorher gesagt hat, und erklärt es für gültig. Da Streitunerfahrene sich nun meist verwirrt fühlen, weil ihr Argument »weg« ist, und krampfhaft nach einer Fortsetzung ihrer Argumentation suchen, ist schon allein die dadurch meist entstehende Redepause ein gewisser »Sieg« für den Angreifer.
Wirksame Gegenstrategien dazu gibt es allerdings auch. Wer selbst schnell denken kann, hat die Möglichkeit, dem anderen ebenfalls zwei Schritte vorauszueilen oder sich eines der Argumente herauszupicken, gegen das er bei seiner rhetorischen »Vorausbeantwortung« nichts gesagt hat – es gehört mit Sicherheit zu jenen, die er zu »decken« versucht. Mit der Formel: »Da wollte ich eigentlich gar nicht hin, mir ist schon viel früher etwas aufgefallen ...«, zwingt man den Gegner, zu einem Punkt zurückzukehren, den er oder sie bereits als abgehakt betrachtet oder bewußt ignorieren wollte, und das stört die gegnerische Argumentationsstrategie meist empfindlich.

Kinder und Jugendliche haben allerdings meist weder die Geistesgegenwart noch die intellektuelle Übersicht zu einer dieser Reaktionen. Sie bemerken nur, daß sie total untergebuttert werden, und verweigern sich nach kurzer Zeit dem Streit. Oder, schlimmer noch: Sie geben zu, daß Mutter oder Vater recht hat (selbst, wenn dem nicht so ist) – tun aber danach genau das Gegenteil, und zwar nicht aus Trotz, sondern weil sie deren Argumente oft wirklich nicht verstanden, aber auch keine mehr dagegen gefunden haben. Oder auch, weil sie sich nach wie vor im Recht fühlen, dies nur rhetorisch nicht durchsetzen können.

Allen Eltern, die ihren Kindern wohlwollen und nicht Rechthaberei um jeden Preis betreiben wollen, sei ausdrücklich ins Stammbuch geschrieben, daß sie mit der hier beschriebenen Strategie das Vertrauen ihrer Kinder wirksamer zerstören als mit manchem autoritären Dekret, das den Kindern zwar nicht paßt, gegen das sie aber wenigstens offen oder auch nur innerlich opponieren können, und das ihnen zusätzlich zur Gängelung nicht auch noch das Gefühl vermittelt, sie seien zu blöde, ihre Argumente vorzubringen.

Wir selbst, vor allem der stets zu schnell redende Vater, haben daher einem hervorragenden Ratschlag einer Psychologin folgend eine Art Rückversicherung eingebaut: Nach einer Diskussion, gleichgültig, wie sie ausgeht, vereinbaren wir, am Tag danach noch mal über die Sache zu sprechen. In der Zwischenzeit können die Kinder dann langsam all jene Argumente sammeln, die ihnen im Streit nicht eingefallen sind. Und nicht selten erweist sich am Ende, daß der Vater mit seinen allzu schnell abgefeuerten Argumenten völlig daneben lag – und dabei das eigentliche Problem, das ihm die Kinder im Streit zu eröffnen versucht hatten, gar nicht erkannt hat.

Verlagerung: Einengung und Erweiterung

Eine ebenfalls beliebte Streitstrategie besteht in einer grundsätzlichen Verlagerung des Streitthemas. Wir haben im Zusammenhang mit den Streitfiguren bereits die Formel »Aber darum geht es doch gar nicht ...« behandelt, die ja ebenfalls Verlagerungen anpeilt, doch meist kommt man genau mit dieser Formulierung nicht weiter – das Gegenüber bemerkt ja, daß nun ein anderes Thema angepeilt wird. Eine wirksame Verlagerungsstrategie geht dagegen maskiert vor, das heißt, der Streitende bringt neben den zum Thema gehörenden Argumenten immer mehr periphere ein, bis das Thema entweder total zerredet ist oder aber ein Streitfeld gefunden wurde, auf dem sich der »Verlagerer« sicher fühlt. Bei Eltern ist diese Tendenz besonders verbreitet, denn oft fehlen ihnen einleuchtende Argumente für bestimmte Verbote – etwa am Abend auszugehen, mit den Freunden durch die Gegend zu fahren, sich bestimmte Filme anzuschauen, zu Hause zu bleiben statt in den Urlaub mitzufahren etc. – und so locken sie die Kinder in einen Streit, der ganz neben dem eigentlichen Thema liegt und den sie in jedem Falle gewinnen. Allseits beliebte Ausweichthemen sind zum Beispiel die Schulnoten, deren Schwächlichkeit nun auf die erbetenen »Freiheiten« zurückgeführt werden, auch wenn diese bisher noch gar nicht gewährt wurden. Auch schlechte Gesundheit, die sich in angeblich bläßlicher Gesichtsfarbe äußert oder in schlechtem Appetit, wird gerne angeführt. Auch die Inkompatibilität des Wunsches mit dem Status der Eltern (»Nein, also daß du mit denen herumläufst, das können wir uns nicht leisten«), ihrer Arbeit (»Nein, nein, heute bleibst du gefälligst zu Hause und hilfst, den Garten umzugraben, das muß auch mal gemacht werden«) oder ihren Bedürfnissen (»Heute bleibt der Fernseher aus, ich will auch mal in Ruhe mit meinen Freunden Karten spielen«).

Als Gegenstrategie ist da nur zu raten: Darauf bestehen, daß das eine mit dem anderen nichts zu tun hat, daß man über die Sache reden will und nicht über Nebensachen. Doch leider scheitern Kinder und Jugendliche dabei meist an der Präpotenz ihrer Eltern, was bei wiederholtem Vorkommen unweigerlich zu langfristig wirkenden Frustrationserlebnissen und dem entsprechenden Vertrauensverlust führen muß. Weshalb wohlwollenden Eltern ganz besonders ans Herz gelegt sei, diese Strategie bewußt zu vermeiden.

Zerreden

Eine besonders beliebte Strategie: Der andere ist völlig im Recht, doch genau das zerstört man ihm, indem man die Sache so lange breittritt und verwässert, bis nichts mehr davon übrig ist. Allerdings gibt es auch Menschen, die schlichtweg nicht imstande sind, wirklich über einen ganz konkreten Gegenstand zu streiten, und die von einer Assoziation auf die nächste verfallen, ohne eigentlich das Terrain wechseln zu wollen.

Zerredungskünstler realisieren ihre Strategie mit den unterschiedlichsten Mitteln. Einige davon:

– Unentwegtes Wiederkäuen ein- und desselben Arguments – so lange, bis der andere immer unruhiger wird und seinerseits den Faden nicht mehr findet.

– Ständiges Für und Wider, ohne das Wort abzugeben: auf jedes Argument, das man anführt, wird gleich wieder ein Einwand formuliert, der seinerseits wieder einen Einwand fordert und so weiter: fährt man dazwischen und verlangt, daß der/die andere nun doch mal einen Punkt machen soll, kommt todsicher der Satz: »Ja, so einfach kann man das eben nicht behandeln, man muß differenzieren« – und weiter geht es mit dem Herumreden.

– Von hinten aufzäumen: Sucht der Gegner einen auf ein Argument festzunageln, erklärt man sofort, er zäume das Pferd von hinten her auf und klettert blitzschnell und kaum nachvollziehbar ans andere Ende oder an einen anderen Punkt, von dem aus man nun in aller Ruhe seine eigene Vernebelungsstrategie aufbauen kann. Eine besonders abgefeimte Methode, tut derjenige ja nun genau das, was er dem anderen vorgeworfen hat.

Gegenüber Kindern ist ein solches Verhalten natürlich noch hinterhältiger, denn diese fühlen sich ein weiteres Mal nicht nur

inhaltlich unterlegen, sondern auch noch erniedrigt, weil sie von der angeblich falschen Seite her losgezogen sind, sich also als dumm erwiesen haben.
Die einzig sinnvolle Gegenstrategie ist, darauf zu bestehen, daß man das Problem von genau diesem Ende her anzugehen gedenkt und nicht vom anderen oder irgendeinem dritten Punkt, denn die eigene Richtung ist so gut wie jede andere. Auch hier ist es natürlich für Kinder besonders schwer, sich damit durchzusetzen.
– Eine weitere Variante besteht darin, sich scheinbar den Argumenten des Gegners zu unterwerfen, diesen aber dann mit so vielen Fragen und Problemen, ausführlichen Bekenntnissen und Folgerungen zu nerven, bis er selbst nicht mehr weiß, ob er nun gewonnen hat oder nicht. Diese Strategie kommt zwischen Eltern und Kindern seltener vor, eher schon zwischen Ehepartnern.

Ins Leere laufen lassen
Dies ist eine sehr elegante Art, den anderen bis auf die Knochen zu blamieren, obwohl der im Recht ist, vorausgesetzt, er will dieses Recht im Streit durchsetzen. Man wartet geduldig, bis er seine Tirade abgelassen hat und nun in gespannter Kampfesstellung und höchst aufgeplustert dasteht, um den Schlagabtausch zu beginnen – und sagt statt dessen schlicht und einfach: »Stimmt.« Oder: »Da hast du recht.« Mit einemmal muß der Angreifer nun seine Luft ablassen – der Streit, auf den er sich so konzentriert hat, unterbleibt, der andere erweist sich als freundlicher »Verlierer«, als einsichtsvoller Mensch, der Fehler und Irrtümer zugibt – und der daher sofort zur Tagesordnung übergehen und danach möglicherweise einen viel eindrucksvolleren Sieg auf anderem Terrain landen kann.
Gegenüber Kindern und Jugendlichen klappt derlei freilich nicht immer. Denn die nicken dann möglicherweise nur mit dem Kopf, sagen »na also«, und verziehen sich zu ihren Freunden – Revanche ist so jedenfalls auf kurze Sicht ausgeschlossen.

Wir selbst haben gelernt, daß unsere Kinder, wenn sie im Recht sind, dies auch mal laut und deutlich und durchaus kampfeslustig hinausschreien wollen und wir ihnen den Triumph nicht abschneiden sollten – wenngleich wir zu erklären suchen, wieso wir zu unserer falschen Einschätzung gekommen waren. Das entkrampft nicht immer, aber doch meistens, und verschafft den siegreichen Kindern auch nicht den Eindruck, es sei nur ein Pyrrhussieg gewesen, das dicke Ende komme in jedem Fall nach. Keinesfalls gehen wir zur Tagesordnung über, wenn die Kinder noch das Bedürfnis haben weiterzureden. (Allerdings, das ist einzuräumen, gibt es mitunter dennoch Situationen, in denen wir die Unterhaltung irgendwann abbrechen müssen, einfach weil Arbeit ansteht oder ein Termin. Am liebsten ist es uns daher, wenn die Kinder ihrerseits irgendwann das Gespräch beenden, weil sie selbst etwas anderes zu tun haben.)

Verweigerung – echte oder scheinbare

Verweigerung gehört zu den abgefeimtesten Strategien, doch man sollte nicht ausschließen, daß dem Gegenüber mal wirklich nicht nach einem Streit zumute sein kann und er deshalb alle Versuche, ihn dahin zu kriegen, ins Leere gehen läßt. In der Regel ist Verweigerung aber eher eine Finte: Indem ich ausdrücklich und deutlich erkennbar nicht auf den Streit eingehe, ruhig oder gar nicht antworte oder jedes Lauterwerden mit noch leiseren Repliken konterkariere, kann ich sicher sein, daß der/die andere immer nervöser wird. Bei den Streitfiguren haben wir bereits den Einwurf: »Warum regst du dich denn so auf ...« besprochen, doch wird dieser Satz bei der Verweigerung meist nicht angewandt, weil er die Strategie erkennen ließe. Nein: Der Sohn oder die Tochter brüllt, kreischt, heult und rotzt, aber Vater oder Mutter sitzen nur ruhig da, spielen mit den Fingern auf der Tischplatte Klavier und reagieren einfach nicht. Die Wut und Verzweiflung der Kinder wird dabei immer größer, die Argumente werden immer unsachlicher und unflätiger, und viele Eltern sehen dann irgendwann den Zeitpunkt gekommen, ruhig aufzustehen und zu sagen: »So, nun reicht's aber. Bist du dir eigentlich klar, was du in der letzten Viertelstunde alles gesagt und was du alles angerichtet hast?« und rauschen hinaus oder verbannen die Kinder in ihr Zimmer.

Klar: Da ist Porzellan gleich kistenweise zu Bruch gegangen. Doch den größten Teil davon haben die Eltern zerdeppert. Gerade Kindern gegenüber gehört die Verweigerung der Eltern mit zum Schlimmsten, lassen sie sich doch oft gerade deshalb zu Hause zum Streit hinreißen, weil sie da ihre Wut, ihre Angst, ihre Frustration ablassen können, ohne auf Dauer nachteilige Folgen gewärtigen zu müssen. Verweigerung bedeutet für sie oft, die letzte Möglichkeit zu verlieren, sich bemerkbar zu machen, ohne automatisch aus der Gruppe ausgeschlossen zu werden.

Doch auch umgekehrt klappt die Verweigerungsstrategie meist hervorragend: Nichts macht Eltern verrückter als eine Tochter, die sich deren Vorwürfe wortlos anhört und am Ende sagt: »Seid ihr endlich fertig?« Um sich dann zu erheben und in ihr Zimmer zu gehen. Oder ein Sohn, der sich eine Standpauke mit teilnahmslosem Blick zu Boden anhört, irgendwann aufsteht, den Stuhl sorgfältig zurückstellt und dann die Türe so verdammt leise zumacht, daß man sich nicht einmal übers Türenknallen aufregen kann. Mehr als sechzig Prozent der von uns befragten Eltern gaben diese Form des Nichtstreitens als für sie schlimmste Streit-Erfahrung an – die meisten setzen sie mit einer totalen Niederlage gleich. Gegenstrategie: Fehlanzeige.

»Solange es nicht unter die Gürtellinie geht ...«

Läßt sich Streit humanisieren?

Läßt sich Streit so »kanalisieren«, und können sich Streitende so »zivilisieren«, daß nach ausgestandener harter Auseinandersetzung nichts anderes bleibt als das konkrete, nüchterne Ergebnis der umstrittenen Frage, also weder psychische noch soziale Nachwirkungen, weder Störungen der Beziehung noch Depressionen beim »Verlierer« (und manchmal nicht weniger beim »Sieger«, der sich danach durchaus ebenfalls elend fühlen kann)?

Wahrscheinlich nicht, zumindest nicht auf allen sozialen Ebenen. Und das ist wohl auch gut so: Wirklicher, engagierter Streit ist ja mit wesentlich mehr seelischem Aufwand verbunden als die bloße sachliche Auseinandersetzung. Streit soll über das Ergebnis in der Sache hinaus wesentlich mehr sinnliche Erfahrung vermitteln und gewöhnlich auch mehr verändern als eine bloße Auseinandersetzung. Er soll dem anderen nahebringen, wie sehr einem diese Sache am Herzen liegt; er soll, als Signal für anderes, das Gegenüber alarmieren, aufwecken, seine Sinne schärfen; er kann, im härtesten Falle, auch die Vorbereitung eines totalen Bruchs sein.

Dennoch lassen sich unserer Erfahrung nach durchaus gewisse Änderungen an allzu destruktivem Streitverhalten zumindest innerhalb der Familie erreichen. Wobei wir allerdings gleich hinzufügen wollen, daß unsere privaten Erfahrungen sicherlich insofern gesellschaftlich geprägt sind, als wir in Italien leben, einem Land, das eine regelrechte öffentliche »Streitkultur« aufgebaut hat und pflegt – etwas, was in Deutschland nur selten keimt und jedenfalls noch sehr weit davon entfernt ist, zu einer in der gesamten Gesellschaft verwurzelten Realität zu werden. In Italien wird weit mehr und heftiger gestritten als in den meisten anderen Ländern – doch so gut wie nie führt Streit zu einem Bruch in den Beziehungen. Sieht man einmal von dem besonderen Terrain der Ehe (nicht der Familie, sondern nur der Beziehung zwischen zwei irrtümlich aneinander gebundenen Menschen) ab, so verläuft Streit in Italien überwiegend so, daß man unmittelbar danach ohne weiteres zusammen an die Bar gehen und einen Espresso trinken kann, den einer der ›Streithammel‹ für die anderen ausgibt. Oder daß Kinder sofort nach dem Streit, auch wenn dieser in keiner Weise zu einer Lösung geführt hat, wieder herzlich umarmt werden. Ein Verhalten, das freilich auch uns selbst nicht immer leicht fällt, zu sehr sind wir von unserem teutonischen Absolutheitsdenken geprägt, das uns sagt: Wenn einer mit mir streitet, ist er nicht auf meiner Seite, also meide ich ihn lieber. Und bei dem jeder nach einem Streit weiter in seiner Richtung geht, mit dem sicheren Gefühl, daß der andere sich auf einem Irrweg befindet.

Für uns war und ist die Anpassung an die italienische Streitkultur durchaus nicht einfach. Lange Zeit beäugten wir argwöhnisch unseren Streitgegner, wenn dieser mit uns nach lautstarker Auseinandersetzung Arm in Arm durch die Straße ging und uns dann, als sei nichts gewesen, für den nächsten Tag zu sich nach Hause zum Essen einlud. Und schwer vergriffen haben wir uns auch, wenn unsere Kinder mit anderen Kindern gestritten hatten, mit dem zutiefst germanischen Ratschlag: »Dann spiel doch nicht mehr mit ihr/ihm.« Dann fuhren unsere Töchter entsetzt auf: »Aber warum soll ich denn nicht mehr mit ihr spielen? Ich mag sie doch, und sie mag mich.« Erst allmählich haben wir gelernt, die verschiedensten Arten, sich hier nach einem Streit zueinander zu verhalten, zu analysieren; etwa Streit, bei dem es um Prestige oder Autorität geht, von dem zu unterscheiden, der »nur« Sachfragen behandelt, beispielsweise Politik oder Liebe oder Fußball. Ersterer ist meist sehr ernst zu nehmen, dennoch läßt einem jeder, den man damit möglicherweise verletzt, einen unmittelbaren Ausweg, das, was man angestellt hat, wieder gutzumachen. Und in aller Regel wird dieser Ausweg auch wahrgenommen. Die Grundhaltung bei den meisten Italienern ist, anders als bei den Deutschen: Man weiß nie, ob man den anderen irgendwann braucht, also sollte man es lieber nicht zum totalen Bruch kommen lassen. Diese Haltung ist nebenbei auch verantwortlich dafür, daß Italiens Politiker quer durch die Reihen alle miteinander koalieren können und ehemals erbitterte Feindschaften plötzlich in eine eherne Allianz münden. Beneidenswert, wenn man unsere deutsche Prinzipienreiterei, Nibelungentreue und Unfähigkeit, aufeinander zuzugehen, dagegenhält. Schwierig allerdings, wenn man sich nach anhaltender Sicherheit in den Beziehungen sehnt – die gibt es, und das ist sicherlich die Kehrseite der Medaille, unter solchen Umständen nicht.

Für die Behandlung privater Streitereien ist die Fähigkeit, vom Streitgegner unversehens wieder zum Barthekenkumpel oder zum Spielkameraden zu mutieren, etwas sehr Schönes, jedenfalls für uns und unsere Kinder. In all den Jahren hat sich nicht eine einzige dauerhafte Feindschaft eingestellt, trotz mancher Verstimmungen mit Nachbarn, durch die aber die gegenseitige Achtung niemals angetastet wurde.

Die Entwicklung der italienischen Streitkultur hat zu bestimmten Riten und Ritualen geführt, die wie Spielregeln von allen beachtet werden – sie tragen zu dem bei, was wir die »Humanisierung« von Streit nennen. Das ändert zwar nichts daran, daß in Italien umgekehrt das Messer mitunter lockerer sitzt als in anderen Ländern (wenngleich zum Beispiel Deutschland mit Delikten wie Mord und schwerer Körperverletzung inzwischen gleichgezogen hat), aber im sozusagen »alltäglichen« Streit, besonders innerhalb der Familie, lassen sich einige Aspekte herauskristallisieren, die uns eine Annäherung an die italienische Form der Auseinandersetzung ratsam erscheinen lassen. Sie haben bei uns zu einer Art lockerem »Regelwerk« geführt, auf das wir uns als Eltern zu besinnen suchen und worauf wir unsere Kinder immer wieder aufmerksam machen, sobald sich Streit ankündigt oder wenn wir oder sie unversehens »hineinrutschen«.

Kündigt sich ein Streit schon geraume Zeit vor seinem eigentlichen Ausbruch an, suchen wir als Eltern uns zuallererst bewußtzumachen, wie das »Umfeld« beschaffen ist: Herrschte schon länger gereizte Stimmung bei einer unserer Töchter? Oder bei uns (was die Reflexion allerdings manchmal negativ beeinflußt oder gar verhindert)? Ist das Thema ein »immerwährendes«, also eines, bei dem man nie zu einer Einigung kommt, bei dem man immer den Sack haut und den Esel meint? Oder haben wir es mit einer eher nebensächlichen Angelegenheit zu tun, die gerade mal so hochkommt und deren Abbau man getrost den Streithähnen oder -hennen überlassen kann?

Ist letzteres der Fall, mischen wir uns ganz und gar nicht ein, halten aber Ausschau nach einem friedlichen Ausgang, damit sich an den eben beendeten Streit nicht ein weiterer Konflikt anschließt – erfahrungsgemäß ist der dann schon nicht mehr so leicht zu bewältigen.

Dann treten all jene Spielregeln in Kraft, die wir mit unseren Kindern anhand vorher durchlebter oder erlittener Streitereien ausgehandelt, abgesprochen und hin und wieder auch mal eingeübt haben:

1. Jede persönliche Herabsetzung des anderen hat zu unterbleiben.
Leider ist diese erste und oberste Regel auch diejenige, die am meisten in Gefahr ist. Wer seine eigene Position bedroht sieht, neigt quasi automatisch dazu, die Munition zu verschärfen, und wer dann nicht mit dem Heranziehen anderer, sicherer Streitpunkte durchkommt, greift naheliegenderweise zu Beleidigungen und Schlägen unter die Gürtellinie.

Als Eltern greifen wir hier normalerweise ein: Zuerst, indem wir darauf aufmerksam machen, daß mit Beleidigungen oder herabsetzenden »Argumenten« das Terrain des Streits verlassen und die Vorstufe eines Handgemenges erreicht wurde. Dies auch dann, wenn sich das Verächtlichmachen nicht direkt auf das Gegenüber bezieht, sondern zum Beispiel auf Dritte, auf Tiere oder Gegenstände, die der Angegriffenen teuer sind: »Dein Benno ist ein ganz blöder Kerl«, oder: »Deine Puppe ist potthäßlich«. Zu den herabwürdigenden Sprüchen zählen natürlich zuallererst Apostrophierungen wie »Blöde Kuh«, »Dumme Gans«, »Mistkerl« oder »Schweinekerl«, »Sau« (mit allen landschaftlich gefärbten Variationen) etc.; mitunter aber auch allzu ironische Bezüge wie: »Na, das ist für unser Mannequin wohl wieder eine zu schmutzige Arbeit«, gegenüber einer Dreizehnjährigen, die tatsächlich Mannequin werden möchte.
Ebenfalls zu den »Schlägen unter die Gürtellinie« zählen Sprüche und Redeweisen, die ältere Kinder jüngeren gegenüber anwenden, wohl wissend, daß diese dem nicht folgen können; hier dringen wir auf eine andere Formulierung, die die Kleinere auch versteht – was in aller Regel bereits die arrogante Argumentation der Älteren stark reduziert.
Nicht immer gelingt es Eltern rechtzeitig, Tiefschläge zu vermeiden. Manchmal warten die Angegriffenen auch nur darauf, ihrerseits loszulegen, und da finden sich Mutter oder Vater dann häufig in der grotesken Rolle des Schiedsrichters beim Wrestling, der beim Eingreifen schon mal aus dem Ring gefeuert wird. »Manchmal, wenn wir die Streithähne zu trennen versuchen«, schreibt ein Paar aus Starnberg, »sind die schon derart ineinander verkrallt, daß den Hauptteil der Beleidigungen dann wir abbekommen und nun unsererseits in Rage geraten.« Eine Mutter aus Garmisch hat beobachtet, daß »wir, wenn wir das Niveau des Streits auf ein ziviles Maß zurückzustutzen versuchen, noch mehr Aggressionen als vorher freisetzen.«
Diese Erfahrung haben auch wir gemacht, jedenfalls zu Anfang.

Später wurde uns klar, daß man hier geduldig und vor allem dann, wenn kein Streit herrscht, Vorarbeit leisten muß. Mitunter spielen wir, wenn wir mit einer unserer Töchter alleine sind (Autofahrten bieten sich da besonders an), schon mal durch, wie man einen Streit hart, aber doch einigermaßen fair durchzieht, etwa indem man Tiefschläge nicht mit weiteren Tiefschlägen beantwortet, sondern nur fragt: »Und du meinst, mit solchen Beleidigungen kommst du weiter?« oder: »Und jetzt meinst du, hast du den Streit gewonnen, weil du mich ›Schwein‹ genannt hast?« Auch das Auspendeln haben wir schon »geübt«, besonders wenn beim Streit Herabsetzungen Dritter oder geliebter Objekte eingeführt werden, um den anderen zu treffen: »Über meine Puppe können wir später noch reden, aber jetzt geht es um ...«, oder auch: »Daß dir mein Freund nicht gefällt, habe ich auch so schon bemerkt, und darüber bin ich auch ganz froh, denn sonst müßte ich ja eifersüchtig sein ...« Nach solchen Reaktionen wiederholt sich das »Sack-Esel«-Manöver kaum noch.

2. Einführung einer Art obligatorischer »Feuerpause«:
Wird es allzu hitzig, einigen wir uns mit den Kindern auf ein paar Minuten Schweigen – mitunter ein Wundermittel, das übrigens auch in italienischen Parlamentsdebatten, kontroversen Podiumsdiskussionen und lautstarken Gerichtsverfahren angewandt wird: Steigt die Aggressivität allzu stark an, verfügt der Vorsitzende flugs eine Espresso- oder Zigarettenpause. Zwar steigt im ersten Moment die Aggressivität beträchtlich an, besonders wenn jemand sich schon auf der Siegerstraße wähnt, aber schon nach fünf oder zehn Minuten kühlt sich das überhitzte Klima meist schon deutlich ab: In die massiven Argumentations- und Beleidigungsketten hinein filtrieren allmählich andere Gedanken, so zum Beispiel, daß man heute nachmittag eigentlich anderes vorhatte, daß man weg muß, daß eine bestimmte Sendung beginnt oder man telefonieren wollte, und

schon schwächen sich viele noch auf lange Streitdauer berechnete Angriffe deutlich ab.

Diese zweite Regel ist allerdings schwieriger anzuwenden, wenn die Eltern selbst schon in den Streit verwickelt sind. Wenn wir dann eine »Feuerpause« vorschlagen, sieht es für die Kinder leicht so aus, als wüßten wir nicht weiter und wollten ihnen den »Sieg« auf diese Weise vergällen oder uns hintenherum noch neue Gegenargumente besorgen. Deshalb haben wir das zu einer Art Ritual entwickelt: die »Feuerpause« ist in allen Streits obligatorisch, das heißt, niemand entscheidet willkürlich, bei diesem Streit wird sie ausgerufen, bei jenem nicht – alle sollen wissen, daß vor Ende des Streits grundsätzlich noch mal nachgedacht wird.

Überdies hat diese Regel mitunter auch die Nebenwirkung, daß jeweils eine kurze Diskussion über die Frage: »Warum gerade jetzt Pause« geführt wird, die wiederum einen gewissen Teil der Streitenergie bindet. Ein nicht zu verachtender Vorteil besonders bei Streitigkeiten, die sich, wie so oft, nur um Kleinigkeiten drehen oder vorwiegend dem Ablassen anderweitigen Frusts dienen.

3. Wir widerstehen der Versuchung, allzu schnell »Ordnung« in die Debatte bringen zu wollen und etwa das Prinzip: »Nur einer redet, die anderen hören zu«, durchzusetzen.

Zu Beginn eines Streits, wenn die Argumente noch hitzig aufeinanderprallen und jeder nur so heraussprudelt, erweist sich das meist nicht nur als unmöglich, sondern es ist auch für den Streit nicht nützlich, wenn einer oder mehrere der Streitenden zunächst zu oft langem Schweigen und Stillsitzen verdonnert werden. Sie fassen die meisten Gegenargumente gar nicht auf, weil sie sich zu sehr auf das konzentrieren, was sie selbst zu sagen haben und was ihnen auf der Zunge brennt. Es ist daher viel besser, wenn zunächst jeder mal rein physisch soviel Dampf wie möglich abläßt, durch lautes Reden oder gar Schreien.

Wenn überhaupt, empfiehlt es sich erst nach einiger Zeit, behutsam einzugreifen und die Argumente voneinander zu trennen. Auch hier entsteht natürlich ein gewisses Problem, wenn wir selbst involviert sind, aber in diesem Falle ist es geringer als bei der zweiten Regel. Wächst der Eindruck, daß nun alle zu einer weniger aggressiven Diskussion in der Lage sind, schlagen wir vor, daß bestimmte Aspekte voneinander getrennt werden, daß jeweils nur einer redet und der andere, wenn er dem andern schon ins Wort fällt, sein Argument zwar vorbringen darf, dafür anschließend um so länger zuhören muß.
Diese Regel hat, besonders bei überhitzten Streitereien, außerdem den Vorteil, daß jeder zunächst einmal all seine Pfeile aus dem Köcher ziehen und »abfeuern« kann. Die bei »geordnetem« Streit häufig zu beobachtende motorische Unruhe – nervöses Beinwippen, Fingerknacken, Augenklackern oder fahrige Bewegungen – baut sich merklich ab, wenn zunächst alle losbrüllen können, wie ihnen die Seele kocht. Zudem kann man danach einzelne Beleidigungen, die in der Hitze des Gefechts gefallen sind, auch schon mal wieder »einsammeln« und auf Mißverständnisse, große Aufregung oder das Durcheinander zurückführen.

4. Verweigern und Davonlaufen gilt nur in Ausnahmefällen.
Wir sind uns natürlich bewußt, daß auch die Verweigerung eine ernstzunehmende Art des Streitens ist. Daher die Ausnahmefälle. Wenn beispielsweise eines der Kinder durch einen unvermittelten verbalen »Tiefschlag« schwer getroffen wurde, oder wenn hinter dem Streit etwas erkennbar Schwerwiegendes steht, was sich vielleicht nur vage andeutet, wird ein Rückzug akzeptiert – allerdings ausdrücklich nicht unter Zurücklassung einer abschließenden »definitiven« Beleidigung für die anderen, Türenknallen und ähnlichen Unmutsäußerungen. Um eine solche Regel durchhalten zu können, muß vor allem sichergestellt sein, daß nicht etwa der Vater oder die Mutter Streitereien un-

tereinander oder mit den Kindern auf diese Weise beenden. Ein Vater, der seinen Hut vom Regal reißt und sich ins Wirtshaus verzieht, wenn es zu Hause Krach gibt, ist dabei ein ebenso schlechtes Vorbild wie eine Mutter, die auf Streit regelmäßig mit überzogenen Herzattacken oder Migräne reagiert. Wobei wir nicht ausschließen, daß sich in Einzelfällen tatsächlich solche oder ähnliche psychosomatischen Symptome einstellen können. Doch gerade dann sollte die Situation hinterher besonders eingehend bearbeitet werden. Vor allem die Kinder müssen wissen, daß sie und ihr Streit nicht »schuld« an der Krankheit sind, beziehungsweise, daß der Vater nicht ihretwegen (oder wegen der Mutter) davongestürmt ist, sondern weil er vielleicht noch andere Probleme hat, mit denen er an diesem Tag einfach überfordert war.

Davonlaufen ist langfristig sowieso keine besonders wirksame Methode, einen Streit zu beenden. Spätestens beim zweiten oder dritten Mal begreifen die meisten Kinder diese Reaktion schon als eine Art Routine und härten sich dagegen ab. Und es wird zunehmend schwieriger für sie, zu unterscheiden, ob der Streit die anderen – Geschwister oder Eltern – wirklich so berührt, oder ob sie sich nur künstlich oder aus ganz anderen Gründen aufregen. Konsequenz: Sie achten bald nicht mehr auf wichtige Aspekte des Streits, etwa darauf, ob der andere sich mehr als beabsichtigt getroffen oder gar gesundheitlich angegriffen fühlt.

Auch die stumme Verweigerung eines Streitgegners wird von den andern nicht akzeptiert. Notfalls wird eine Klärung mit Beharrlichkeit durchgesetzt: Bevor dieser Punkt nicht geklärt ist, verläßt keiner den Raum.

Das verlangt ziemlich viel Selbstdisziplin von allen Beteiligten, auch von den Eltern. Nicht nur, daß Eltern untereinander solche Verweigerungsstrategien nicht vormachen dürfen, die Ankündigung muß auch durchgehalten werden. Wer nach fünf Minuten, weil er gerade etwas anderes vorhat, zeitliche Be-

schränkungen einführen will, sollte sich mit derlei Ankündigungen lieber zurückhalten.
In unserem Falle haben die Kinder diese Spielregel ernstzunehmen begonnen, seit der Vater einmal eine Dienstreise abgesagt hat, um in einem dreistündigem Gespräch einen Familienstreit zu einer Lösung zu bringen.
Der Sinn dieser Regel liegt darin, daß alle Beteiligten wissen: das Thema – gleichgültig, ob die Eltern es angeschnitten haben oder die Kinder, ob es sich zufällig ergeben hat oder einfach »fällig« war – ist so wichtig, daß es zu einer für alle Seiten zumindest klaren, möglichst auch befriedigenden Lösung geführt werden muß. Über bestimmte Regeln des Zusammenlebens, die in jeder Familie unterschiedlich sein können, muß Klarheit herrschen. Sonst verschiebt sich der Krach nur auf den jeweiligen »Ernstfall«, und dann reklamieren beide Seiten zu Recht und um so heftiger, man sei da von etwas ganz anderem ausgegangen. Mit trotzigem Schweigen aber läßt sich diese Klarheit nicht herstellen.
Freilich erfordert eine lang anhaltende inhaltliche Diskussion immense Geduld. Wir selbst haben die besten Erfahrungen damit gemacht, daß wir unsere Kinder bitten, ihre Vorstellungen noch mal ausführlich darzulegen, auch wenn wir schon mitten im Streit liegen und eines der Kinder sich zu verweigern beginnt. Meist läßt sich daraus dann doch noch ein Gespräch spinnen, das zumindest Rahmenbedingungen für weitere Abmachungen schafft.

»Jetzt knallt's aber gleich!«

Elterliche Autorität am falschen Platz?

Und plötzlich ist er da, der schlimmste aller Fälle: Eltern oder auch die Kinder fühlen sich bis aufs Blut gereizt, und schon knallt unvermittelt eine Ohrfeige, landet ein Faustschlag oder wenigstens ein höchst unsanfter Schubs. Vom Streit mit Worten ist der Übergang zur Handgreiflichkeit gelegentlich erstaunlich kurz.

Zwei Fragen ergeben sich hier vor allem: Läßt sich derlei noch im letzten Augenblick vermeiden? Und wenn es denn doch passiert ist: Kann man von der Handgreiflichkeit wieder zurückkommen zu einem zivilen Umgang – und wenn ja, wie?

Zum ersten Problem ist die erstaunliche Tatsache anzumerken, daß nicht wenige Eltern gelegentliche Raufereien ihrer Kinder (untereinander oder mit anderen Kindern) keineswegs negativ sehen, sondern gar als eine gewisse »natürliche« Entlastung von den ewigen Wortgefechten betrachten: »Manchmal bin ich froh, wenn die sich gegenseitig in den Schwitzkasten nehmen«, sagt Herr B. aus Herne, »dann beharken sie einander wenigstens nicht unentwegt mit Beleidigungen.« Für eine Mutter von zwei Jungen und zwei Mädchen zwischen acht und neunzehn Jahren war es »regelrecht befreiend«, wenn »die sich mal gekloppt haben: Danach war für lange Zeit wieder gutes Wetter, und sie haben auch viel weniger gestritten.«

Eine Erfahrung, die uns selbst völlig abgeht – wenn es zwischen unseren Töchtern einmal zu Handgreiflichkeiten kam, so setzte das eher eine Kettenreaktion permanenter körperlicher Attacken in Gang, auch wenn die »Prügeleien« untereinander nie so schlimm waren, daß sie zu Verletzungen hätten führen können. Wurden die Handgreiflichkeiten nicht unmittelbar unterbunden, kam es wochenlang immer wieder zu Rangeleien, was sich nur mühevoll und erst nach längerer Zeit wieder normalisieren ließ. Daher suchen wir diese Art der Auseinandersetzung nach Möglichkeit von Anfang an zu verhindern. Gehen unsere Töchter körperlich aufeinander los oder kommt es, wenn ihre Freunde und Freundinnen da sind, zur Fortsetzung eines Streits mit handgreiflichen Mitteln, dann versuchen wir zunächst einen »Waffenstillstand« herbeizuführen, notfalls indem wir die Streithähne trennen und ein Gespräch darüber in Gang bringen, was mit den Schlägen denn eigentlich »bewiesen« werden soll.

Natürlich stellen sich nahezu alle Eltern die Frage, wie sie verhindern könnten, daß Streitereien handgreiflich ausgetragen werden. Viele von ihnen haben uns geschrieben oder erzählt, wie sie dabei vorgehen.

So läßt etwa ein Elternpaar aus Kempten leichte Püffe und auch mal Schläge zu – zieht aber für jeden, den es feststellen kann, eine Mark vom Taschengeld ab. Eine Mutter aus München sanktioniert Schlägereien mit Fernsehentzug, ein Vater aus Garmisch mit Ausgangssperre. Drei Elternpaare lassen Aufsätze schreiben, wie man körperliche »Lösungen« von Streit verhindern kann. Andere Eltern setzen Belohnungen und Vergünstigungen aus, wenn Prügeleien vermieden werden. Elterliche Autorität wird also in ihrer ganzen Bandbreite und Potenz eingesetzt.

Wir selbst haben vor allem das Versprechen abgegeben, selbst von allen Handgreiflichkeiten gegenüber den Kindern Abstand zu nehmen (was sowieso äußerst selten vorkam, den Kindern aber gerade deshalb um so eindringlicher im Gedächtnis geblieben war), daß der Vater seinen Wissensvorsprung nicht mehr ausnutzt, um recht zu behalten, und daß wir im Prinzip Großzügigkeit walten lassen, wenn wir bei bestimmten Dingen um Erlaubnis gebeten werden, auch wenn wir das eine oder andere selbst nicht so ideal finden. Hin und wieder arbeiten wir auch mit gewissen Belohnungen, um zu zeigen, wie sehr wir die »Humanisierung« des Streits schätzen, immer verbunden mit einem entsprechenden Hinweis.

Mit der Zeit hat sich so eine Art »Schule« herausgebildet, die immer dann in Aktion gesetzt wird, wenn aus irgendwelchen Gründen die Sprache auf Gewalt kommt: Einmal hat ein Klassenkamerad den anderen verdroschen, ein andermal hat eine Kameradin einem das Klassenbuch auf den Schädel geschlagen, hier ist ein Pedell hereingekommen und hat einem eine Kopfnuß gegeben, da ist einem Lehrer mal »die Hand ausgerutscht« – lauter Gelegenheiten, über das Thema Gewalt, ihre Entstehung und ihre Eindämmung zu sprechen. Möglicherweise haben wir selbst in dieser Hinsicht wohl etwas leichteres Spiel als viele andere Eltern: Mädchen frönen im allgemeinen weniger der Gewaltanwendung, die unter Jungen als Mannbarkeitsritus ein ganz anderes Image hat und durchaus sogar gepflegt wird. Allerdings wollen wir den Tag nicht vor dem Abend loben – die drei sind dem Jugendalter schließlich noch nicht entwachsen. Trotzdem: Angesichts einer Tendenz, die sich auch in unserer Familie zeitweise angebahnt hat, Streitthemen oft schon frühzeitig per tätlichem Angriff zu ›lösen‹, scheint uns die im Laufe der Zeit wiedergekehrte Friedlichkeit doch ganz ansehnlich.

Eine mindestens ebenso schwierige Frage wie die nach der Prävention ist wohl die nach dem »Danach«: Wie kommt man nach einem tätlichen Angriff gegeneinander wieder zurück zu einem zivilen Miteinander, besonders, wenn einem oder mehreren der Beteiligten dabei wirklich wehgetan wurde?

Nach einer leichten Rangelei unter den Kindern stellt dies sicher keine große Schwierigkeit dar; ein Problem bleibt es aber mitunter dennoch. Püffe und Boxhiebe werden meist ganz gut weggesteckt – gewöhnlich allerdings nicht vergessen, sondern säuberlich im Gedächtnis behalten und bei der nächsten Klopperei als »Argument« benutzt: »Der hat mich gestern auch geschubst.« Es braucht sicherlich Geduld, um langsam und allmählich die Überzeugung zu vermitteln, daß Schläge von gestern kein Grund sind, heute wieder zurückzuschlagen – insbesondere dann nicht, wenn über die gestrigen Hiebe inzwischen geredet wurde und der Streit beendet war.

Bei uns klappte das lange nicht – eher durch Zufall bot sich dann aber eine nun schon seit einiger Zeit praktizierte Lösung. Nachdem unsere Töchter Schubser, Tritte unterm Tisch und Schläge mit der Fliegenklatsche regelmäßig mit vorangegangenen, meist schon Stunden oder Tage zurückliegenden Angriffen der jeweils anderen gerechtfertigt hatten und nicht zu einem Abbau dieser »Rechtfertigung« gelangten, kam uns eines Tages Jessicas Frage zum Krieg in Jugoslawien zu Hilfe: Warum die Menschen dort, wo es ihnen doch schon so schlecht gehe, einander noch so viel mehr Leid zufügten, warum sie nicht mit dem Schießen aufhörten und mit dem Haß, und warum sie den Haß sogar auf Kinder übertrügen. Dann wollte sie wissen, was »ethnische Säuberung« bedeute und wer sie wolle und warum. Irgendwie gelang uns die Verbindung mit unserem Alltag: Daß in Jugoslawien Menschen, die früher einmal selbst von Angehörigen der anderen Volksgruppe verletzt oder vertrieben worden waren oder deren Eltern dies erlitten hatten, den Haß immer weiter fortschreiben, daß die Angriffe von heute mit Generationen zurückliegenden Angriffen der anderen Seite gerechtfertigt werden und dadurch die Kriege immer wieder aufflammen. Und daß das im Großen so ist wie bei uns im Kleinen: Jede nimmt sich das Recht, auf die andere loszuhauen, weil sie immer sagen kann, die andere habe sie auch irgendwann mal geschlagen. Alle drei schwiegen, aber nach diesem Gespräch wurde dieses Argument nur noch zweimal benutzt, aber gleich wieder fallengelassen, als wir auf die Jugoslawien-Diskussion verwiesen. Erstaunlicherweise suchten die Kinder nun nicht nach neuen Begründungen, sondern bauten ihre Schlägereien kontinuierlich ab, erinnerten sich gelegentlich sogar gegenseitig

an jene Diskussion über Jugoslawien, wenn eine gerade wieder auf die andere losgehen wollte.
Diese Geschichte zeigt wohl nicht zuletzt, daß es stimmt, wenn die Kinder behaupten, sie wollten eigentlich nicht streiten. Sie streiten nicht zum Spaß, wie ihnen das oft unterstellt wird, sondern wollen viel lieber in Harmonie und Frieden zusammenleben. Es fehlen ihnen lediglich – wie vielen Erwachsenen auch – das Instrumentarium und in bestimmten Situationen die Übersicht, um diesem Ziel näherzukommen.
Kann sein, daß solche Entwicklungen eher Glücksfälle sind. Darüber hinaus wissen wir keineswegs, ob die Wirkung dieses Gesprächs wirklich von Dauer sein wird. Und sicher gibt es wesentlich härtere Fälle als den unseren, wo die Tätlichkeiten nie wirklich bedrohlich geworden waren.
Ein Vater aus Hamburg berichtet zum Beispiel: »Das begann ganz harmlos bei meinen Söhnen und meiner Tochter. Der Älteste, damals vier, kam aus dem Kindergarten nach Hause, so am dritten oder vierten Tag, und begann ohne Vorwarnung, auf seine zwei Jahre jüngere Schwester einzuhauen. Da wir bis zu diesem Zeitpunkt unsere Kinder nie geschlagen, auch nicht geschüttelt oder gerüttelt hatten, muß das wohl ein Effekt des Kindergartens gewesen sein. Jedenfalls kann ich mich bis heute an das entsetzte Gesicht unserer Anna erinnern, und das tritt bis heute, mehr als zehn Jahre später, immer wieder auf, wenn Arndt laut wird, auch wenn er gar nicht zuhaut. Später, als Bernd geboren war, drei Jahre später als Anna, kam es einmal (jedenfalls haben wir es nur einmal beobachtet) zu einer solchen Szene zwischen Anna und Bernd, als sie ihn aus heiterem Himmel haute, während er noch im Buggy saß, vielleicht so zwei Jahre alt. Bernd allerdings sah nicht so entsetzt aus, er haute sofort zurück und schrie wie am Spieß. Wir haben danach jahrelang versucht, das Schlagen zu unterbinden, aber es kam immer häufiger vor, auch wenn wir den Angreifer noch so straften oder auch allen heftig ins Gewissen redeten. Einige

Male kam es sogar zu Verletzungen, Anna wehrte sich mit ihren Fingernägeln nach einem harten Stoß von Bernd, und als Arndt ihr dann noch ein Buch auf den Kopf haute, spuckte sie ihn zuerst an und warf ihm dann einen Teller vom Mittagstisch an den Kopf. An diesem Tag verfügten wir Hausarrest für eine ganze Woche und ließen die drei weder in die Schule gehen noch ans Telefon noch miteinander in Kontakt kommen, gegessen wurde auf dem Zimmer. Außerdem berieten wir uns mit einem Psychologen. Der gab uns den Rat, uns einer Familientherapie zu unterziehen, was wir auch getan haben. Doch auch da war kein besonderer Erfolg zu vermelden: Wir erkannten zwar, daß wir beide viele Fehler gemacht und, wie uns der Therapeut sagte, durch unser ständiges Dazwischengehen keine wirkliche Abklärung der Fronten unter unseren Kindern zugelassen hatten, so daß diese, nun schon alle drei über zehn Jahre alt, noch immer keine wirkliche Rangordnung in der Familie herstellen konnten. Weitergebracht hat uns das auch nicht. Aber besser wurde es plötzlich, als Arndt seine erste Freundin mit nach Hause brachte und diese mit Anna schnell eine schöne Freundschaft aufbaute: Plötzlich benahmen sich alle drei ganz anders. Zwar gab es, wenn sonst niemand da war, noch immer heftigen Streit, aber es wurde nicht mehr geschlagen. Wir haben hintenherum bei dem Mädchen nachgefragt, ob vielleicht sie etwas in dieser Richtung gesagt hatte, aber sie verneinte das, und wir glauben es auch.«

Hier war offenbar durch das Mädchen eine Art Puffer entstanden, der die Auseinandersetzung wieder auf ein tragbares Maß reduzierte. Ähnliche Erfahrungen berichten uns mehrere Eltern, doch um ein Naturgesetz handelt es sich dabei wohl nicht. Gleichwohl gibt es all jenen ein bißchen Hoffnung, die angesichts ihrer vergeblichen Versuche, Handgreiflichkeiten einzudämmen oder gar abzubauen, am Verzweifeln sind.

Die meisten Eltern, so unsere Erkenntnisse, versuchen Schläge und Boxereien zwischen ihren Kindern jedoch mit einem Mittel zu verhindern, das sie für besonders probat halten – dem elterlichen Dekret, bei gleichzeitiger Androhung der »äußersten« Mittel, worunter etwa Schläge der Eltern ihrerseits und schwerwiegender Entzug von Lebensqualität fallen. »Im Notfall«, schreibt uns eine Frau aus Starnberg, »gibt's halt dann eins auf die Rübe, meist ist da mein Mann schneller als ich, aber auch ich hol mir schon mal Anke oder Friedrich am Ohr her und klopfe ihnen eine, früher auf den Hintern, seit sie über zehn sind, gibt's eine Ohrfeige. Dazu kommt dann die Wegnahme des CD-Spielers oder des Computers und Ausgehverbot, notfalls für einen ganzen Monat.«

Wir halten es für mehr als problematisch, Gewalt unter Kindern durch Gewalt seitens der Eltern zu beenden. Ein Vater begründet dieses Vorgehen so: »Ich überlege selbstverständlich immer, ob ich die Tendenz unter unseren Kindern, Streit durch Schläge zu ›entscheiden‹ oder jedenfalls zu ›unterstützen‹, mit körperlichen Maßregeln durch mich beenden darf. Ich sehe es aber so, daß die Kinder bemerken müssen, daß über dem augenblicklich Stärkeren immer noch einer ist, der entscheidet, wer recht hat, und der den Streit in geordnete Bahnen lenkt, notfalls eben auch mit körperlichem Zwang. Schließlich ist ja die Idee des Staates genau diese, daß sich niemand herausnehmen darf, sich sein echtes oder vermeintliches Recht mit Gewalt zu nehmen beziehungsweise Unrecht dadurch ungestraft zu lassen, daß man Gewalt androht oder anwendet.« Der Briefschreiber ist, wie er anmerkt, Jurist; die Diktion spricht ja auch schon dafür.

Sicherlich kann solches Verhalten, vor allem wenn die Eltern versuchen, es den Kindern zu verdeutlichen, schon Wirkungen zeitigen – ob die allerdings auf lange Sicht immer positiv sind, ist damit nicht gesagt. Es ist durchaus möglich, daß Kinder aus der Existenz des »über ihnen« stehenden Stärkeren auch allerlei andere Konsequenzen ziehen, beispielsweise, daß es im Leben vor allem darum geht, selbst der Stärkere zu sein, weil diese Position die Definitonsgewalt über Recht und Unrecht mit sich bringt. Wer sich das nicht zutraut, der lernt eben schon beizeiten, im Zuge von Streit von vornherein dafür zu sorgen, daß am Ende der andere als Angreifer dasteht, auch wenn das nicht zutrifft. Oder daß man sich von jenem »Stärkeren über einem« eben nicht erwischen lassen darf, wenn man Streit anzettelt. Die Briefe, die wir bekommen haben, sind voll von Berichten darüber, wie Kinder ihre Geschwister hereinlegen, indem sie den Streit und vor allem die Schlägerei so anlegen, daß die Eltern nur die zweite Phase mitbekommen – die, bei der der/die Angegriffene zurückschlägt oder sich auch bloß wehrt. Und viele Kinder geben das in ihren anonymen Aufsätzen auch unverblümt zu: »Seit mich Vater ein paarmal gehauen hat, wo ich gar nicht angefangen hatte mit dem Streit und dem Kloppen, mache ich es immer so, daß ich Gerti (die kleinere Schwester; Anm. d. A.) ärgere und schubse, wenn die Eltern es gerade nicht hören, und dann kreischt sie los und haut mich genau dann, wenn die Eltern dazukommen, und dann kriegt sie wenigstens genauso geschimpft wie ich.« Das schreibt ein Mädchen im Alter von dreizehn Jahren.

Da steht dann wohl selbst ein Jurist mit seiner Theorie des »gerechten Stärkeren« ziemlich im Hemd da.

Alle bisher geschilderten Fälle scheinen uns jedoch im Grunde noch »heilbar« oder jedenfalls »kanaliserbar«. Den totalen Bruch haben wir dabei nirgends bemerkt, die Familie konnte, theoretisch zumindest, auch nach Rangeleien und heftigem Streit noch zusammenleben, nicht wiedergutzumachende Verletzungen physischer wie psychischer Art waren nicht entstanden. Gleichwohl gibt es auch Fälle, bei denen der Streit so verhärtet scheint und der gegenseitige Wille, einander zu verletzen, so tiefgreifend, daß sie einem völlig aussichtslos erscheinen. Die Frage ist, ob am Ende auch dann noch nicht alles verloren ist.

»Bei uns fliegen nur noch die Fetzen«

Aussichtslose Fälle?

»Sie fragen nach der Behandlung von Streit in unserer Familie«, schreibt uns eine offenbar völlig verzweifelte Mutter aus Osnabrück, »aber ich weiß nicht, ob man das, was in unserer Familie herrscht, noch Streit nennen kann. Das ist nämlich Krieg, was da herrscht.« Von einem »Gefecht vom Morgen bis zum Abend« berichten Eltern aus Hamburg, und Herr Franz O. aus Gelsenkirchen sieht sich zwischen »offenen Feindseligkeiten und Belagerungszustand«, wenn die »Familie mal zusammen ist, aber auch, wenn nur zwei oder drei von uns in einem Raum sind«. Tatsächlich lesen sich manche der Klagen wie die reinste Kriegsberichterstattung. »Drei Schlägereien am Tag«, berichtet uns Frau Anna K. aus Gladbach, seien »so die Norm, und zwar schon lange bevor unsere zwei Jungen und unsere Tochter in die Pubertät kamen«. – »Einmal habe ich einen Monat Buch darüber geführt«, schreibt Bernd P. aus Hameln: »21 langanhaltende Streits habe ich zwischen unseren zwei Töchtern mitbekommen, viermal gings an die Haare, einmal bekam die jüngere auch blutende Kratzer ab.« Zwischen den Töchtern, zwölf und fünfzehn Jahre alt, und den Eltern kam es in derselben Zeit siebenmal zum »großen Krach, und leider kam auch zwischen uns Eltern fünfmal ein ganz großer Knatsch auf«. Mag sein, daß in diesem letzten Falle das häusliche Klima Streit und Handgreiflichkeiten geradezu gefördert hat. Doch auch Eltern, die sich dafür verbürgen, daß weder sie beide untereinander noch gegenüber den Kindern jemals handgreiflich geworden sind, berichten verzweifelt, wie brutal ihre Kinder gegeneinander vorgehen. Hoffnungslose Fälle?

Manche machen zweifellos diesen Eindruck. »Türzuschlagen ist ja regelrecht liebevoll«, sagt ein Vater aus Starnberg, »bei uns scheppert da vorher schon mal das Porzellan, muß eine Tochter an der Stirn genäht werden oder fliegt gar mal ein Radio aus dem Fenster.« Seine Frau will das etwas gemildert haben: »Derlei kam einige Zeit vor, aber dann ist es leiser geworden.« Was der Vater aber eher als die Ruhe vor dem Sturm empfindet: »Das dicke Ende kommt noch nach.« Beide haben in gewisser Weise ihre beiden Söhne, siebzehn und fünfzehn Jahre alt, abgeschrieben. Der Vater vermutet, daß sie »auf die schiefe Bahn geraten« oder schon geraten sind; die Mutter fängt an zu weinen, wenn die Rede auf dieses Thema kommt.
Auch wenn dieser Rat so manchem blauäugig erscheinen mag: Trotz aller scheinbaren oder wirklichen Aussichtslosigkeit sollte man die Flinte niemals ins Korn werfen. In mehreren Fällen berichten uns Eltern, daß in ihrer Familie solche zunächst aussichtslos erscheinenden Verhaltensmuster dann doch unversehens abgeschwächt oder gar korrigiert wurden. In einem Fall war es ein Mädchen, das einen gewalttätigen Jungen zur Raison gebracht hat. Zum Zeitpunkt unseres Interviews war der Siebzehnjährige bereits seit eineinhalb Jahren nicht mehr durch Prügeleien aufgefallen, während er vorher bereits dreimal durch die Polizei von seinem größeren Bruder getrennt werden mußte. In einem anderen Fall hat ein schwerer Unfall des stets heftig angegriffenen Bruders eine Einkehr bewirkt. In einem dritten Fall schwächte sich die zu Beginn der Pubertät unbezähmbare Rauflust eines Jungen mit seiner zwei Jahre älteren Schwester nach zwei, drei Jahren allmählich von selbst ab und machte zunächst einer totalen Nichtbeachtung Platz, bis sich dann, als die Jugendlichen zwanzig beziehungsweise achtzehn Jahre alt waren, langsam ein zumindest »korrektes« Verhältnis einstellte; nach wie vor empfanden die beiden zwar keine große Zuneigung zueinander, unternahmen wohl aber wieder bestimmte Dinge gemeinsam. So kuschierte sie ihn schon mal

zum Fußball oder zu einer Verabredung, gelegentlich halfen sie einander sogar oder boten an, für den anderen einzuspringen. Offenbar sollte man das Alter und den Zeitfaktor nicht unterschätzen.

Gerade daran aber mangelt es vielen Eltern oft beträchtlich. Streit unter den Kindern und zwischen Eltern und Kindern wird von den Eltern häufig verabsolutiert, losgelöst von allen anderen Umständen, die in bestimmten Zeiträumen den Horizont, die Fähigkeiten und die Gefühle der Kinder und Jugendlichen beeinflussen. Daß Geschwister miteinander streiten, erscheint vielen Eltern regelrecht widernatürlich – als käme das nicht bei allen Lebewesen vor. Mehr noch: Man könnte sagen, es ist sogar die Regel. Und daß Eltern mit ihren Kindern aneinandergeraten, halten die Eltern entweder für einen bösen ›Unfall‹ oder für ein schlimmes Fehlverhalten der Kinder oder der Eltern. Daß vieles in den alltäglichen wie auch den besonderen Streitereien in der spezifischen Sichtweise junger oder älterer Menschen, Mädchen oder Jungen, älterer oder jüngerer Geschwister tatsächlich unleugbare Gründe hat, daran denken Eltern nur selten. Auch nicht daran, daß es genau diese Umstände sind, die dafür sorgen, daß sich im Laufe der Weiterentwicklung von Vernunft und Verstand viele Streitpunkte von selbst erledigen und damit abgebaut werden.

Dennoch gibt es natürlich Fälle, wo jede Hilfe zu spät kommt. Wenn jede Differenz sofort in Geschrei ausartet, jeder Streit sofort zur Handgreiflichkeit wird, dann erscheint einem eine Trennung wohl zu recht als einzig rationale Lösung. Nur: zu so verhärteten Fronten kommt es gelegentlich auch schon zu Zeiten, wo man sich nicht einfach trennen kann, da die Kinder dafür noch zu jung sind. Was bleibt dann?

Einige Eltern haben diesen Leidensweg wohl durchgemacht, wir geben ein paar Berichte wieder: »Seit unser Ältester dreizehn, vierzehn Jahre alt wurde, kamen wir aus der Gewalttätigkeit nicht mehr heraus. Er war in der Hauptschule mit Jungen zusammen, die eine Jugendbande bildeten, und brachte die ganzen Grausamkeiten von dort mit. Er quälte unsere Tiere, dann riß er seiner kleinen fünfjährigen Schwester Haare aus, einmal verbrannte er sie mit einer Zigarette. Und ewig Streit, Schimpfen, Schreie, er war für nichts mehr zu haben. Zweimal brachte ihn die Polizei nach Hause, und einer der Polizisten empfahl uns, den Jungen in ein Heim zu geben. Davon wollten wir zuerst nichts wissen, aber als Eberhard an seinem vierzehnten Geburtstag das Haus anzuzünden drohte, weil er keine Lederweste bekam, gaben wir doch nach und ließen ihn einweisen. Schlimm war und ist für uns, daß unsere Tochter, die nun zwölf ist, genauso zu werden scheint und uns immer vorwirft, daß wir ihren Bruder der Polizei gegeben haben.«

Ein anderes Ehepaar berichtet: »Viele Jahre lang haben wir Streit unter unseren Kindern und mit uns gewaltfrei gelöst. Doch dann wurde unsere älteste Tochter ungeheuer aggressiv, und sie balgte sich unentwegt mit ihren beiden jüngeren Brüdern. Weder ein Psychologe noch das Eingreifen der Polizei half, und die beiden Jungen wurden dann schon mit acht, neun Jahren sehr gewalttätig.« Als die Tochter, damals sechzehn, einmal ihrem Vater, der sie gegen 23 Uhr aus einer Diskothek abholte, öffentlich mehrere Ohrfeigen gab, ohne daß sie etwa betrunken oder voller Drogen war, da schlug der Vater zurück, und zu Hause kam es erneut zu einer solchen Szene, bei der die Jungen der Mutter in den Leib traten und diese sich mit dem Besen wehrte. »Seither reden die Kinder überhaupt nicht mehr mit uns, und wir fürchten, daß unsere Älteste im Gefängnis landet.«

Eine alleinerziehende Mutter aus Kempten klagt: »Ich habe es in jeder Hinsicht versucht. Mal mit Verboten, mal mit Großzügigkeit, mal mit Reden, mal mit Hinunterschlucken, nichts zu machen. Wenn Oliver schlechte Laune hat, streitet er wegen allem und dann haut er alles kurz und klein. Damit hat er angefangen, als er zwölf war, vorher konnte ich das jedenfalls noch bremsen. Nun ist er sechzehn, und obwohl er mein einziges Kind ist, sehne ich mich nach dem Tag, an dem er sich eine Wohnung nimmt und mich wenigstens in Ruhe läßt. Ich bin so müde und fertig von all dem Streit.«

Bleibt zu hoffen, daß der Junge seine Mutter nach dem Auszug wirklich in Ruhe läßt – viele Berichte zeigen eher, daß Söhne und Töchter auch dann noch Unruhe stiften und Streitlust und Gewalttätigkeit gerade dort abzureagieren suchen, wo sie sie auch vordem ohne Gefahr loswerden konnten.

In manchen Fällen hat der Rat von Freunden, hat eine behutsame Vermittlung durch Außenstehende weitergeholfen. Wir haben in unserem Buch »Hilfe, meine Tochter liebt einen anderen« einige Fälle aufgeführt, wo aufgeschlossene Verwandte oder Freunde der Familie scheinbar völlig verfahrene Situationen gelöst oder jedenfalls stark gemildert haben. Auch in Sachen Dauerstreit funktioniert derlei mitunter ganz gut – vorausgesetzt, die Eltern sind bereit, ein Stück des Vertrauens, der Zuneigung und vielleicht auch der Zärtlichkeit, die sie sich von ihren Kindern wünschen, an die Vermittler abzutreten, was nicht immer ganz einfach ist.

»Nachdem wir mit unseren beiden Kindern, einer Tochter von heute siebzehn und einem Sohn von heute dreizehn, jahrelang fast täglich immer böseren Streit erlebt hatten, meist mit uns, aber auch untereinander, haben wir uns vor zwei Jahren einem weitläufigen Vetter meines Mannes anvertraut«, berichtet Annelise R. aus Füssen. »Der hat dann zunächst vermittels ›zufällig‹ arrangierter Treffen auf dem Sportplatz mit dem Jungen gesprochen und herausgekriegt, was dem an uns alles nicht paßt. Wir wollten das alles natürlich gleich ändern, aber der Vetter sagte, daß wir das nicht tun sollten, weil unser Junge sonst merkt, daß wir mit ihm zusammenstecken. Statt dessen hat er unseren Sohn ermutigt, das, was er ihm sagte, auch uns zu sagen, und so geschah es auch nach einigen Monaten, und zwar im Streit. Gottseidank haben wir trotz unseres Ärgers und obwohl unsere Tochter auch gleich heftig mitmischte, erkannt, daß es sich um diese Dinge handelte, und sind dann zerknirscht und reuig auf die Sache eingestiegen, was unser Sohn offenbar nicht erwartet hatte. Obwohl die Tochter noch weiterstreiten wollte, gab es am Ende eine Art ›Vertrag‹ zwischen uns, der festlegte, was wir künftig anders machen und daß unser Sohn dafür aufs Schreien verzichtet und auch keine Gegenstände mehr zu Boden wirft, wenn er sich ärgert. Natürlich hat das meiste überhaupt nicht geklappt, aber langsam kam er soweit, daß er beim Streit dann doch zuhörte und auch glaubte, daß wir ehrlich etwas ändern wollten. Im Laufe eines weiteren Streits, bei dem wiederum unsere Tochter dabei war, gab er dieser sogar den Rat, doch auch mit uns so ein Abkommen zu schließen, was sie aber ablehnte. Inzwischen aber hatte er ihr von seinen Gesprächen mit unserem Vetter berichtet, zu dem Ethel aber kein solches Vertrauen hatte. Sie fand jedoch wenig später eine solche Gesprächspartnerin, mit der uns dann unser Sohn zusammenbrachte, heimlich zunächst. Die Frau war ungefähr dreißig und wohl die Schwester einer ehemaligen Tennislehrerin von Ethel. Wir erzählten ihr von unserer positiven Erfahrung mit dem Vetter, und langsam brachte sie dann Ehtel auch soweit, daß diese uns wenigstens einmal erzählte, was ihr nicht paßte, ohne gleich hysterische Anfälle mit hineinzumischen. Seitdem haben wir zu Hause wenigstens so etwas wie ein Minimum an zivilisiertem Umgang wiedergefunden, auch wenn alles natürlich viel besser sein könnte. Im nachhinein müssen wir allerdings auch sagen, daß viele Dinge, die uns unsere Kinder ankreideten, uns sonst nie und nimmer als negative Seiten aufgefallen wären. Beispielsweise haßten sie es, wenn wir am Tisch über Berufliches sprachen, wenn der Vater sich über den Streß beklagte oder ich über die viele Hausarbeit zusätzlich zu meiner Halbtagstätigkeit jammerte; unser Vetter vermutete, daß ihnen das ein schlechtes Gewissen machte, das sie dann so abreagierten.«

Manche Berichte lassen erkennen, daß Eltern die Vermittlungstätigkeit von Verwandten und Freunden gern als Hilfe nur für sich selbst mißverstehen – und so alle Ansätze für eine gewisse Besserung der Lage zertrümmern. »Auch ein Freund, der ein besonders gutes Verhältnis mit unserem Alfred hatte«, sagt uns Hanskarl B. aus Freiburg, »konnte nicht helfen, weil stets, wenn er dem Jungen mal nicht Recht gab, das Verhältnis auch zu ihm abbrach.« Auf unsere Nachfrage, ob der Mann denn auch die Eltern kritisiert hatte, meinte der Vater: »Ja, aber in Punkten, die wir leicht widerlegen konnten.« Zufällig lernten wir dann auch noch den gescheiterten Helfer kennen – der uns genau das berichtete, was wir vermutet hatten: »Das stimmt, die Eltern konnten ihr Verhalten immer rechtfertigen. Aber genau darum wollte auch der Junge nichts einsehen. Ich hatte die Eltern immer wieder gebeten, doch wenigstens dann und wann irgend etwas einzugestehen, damit der Junge das Gefühl hat, für sein Abstandnehmen von hartem Streit bekomme er seinerseits etwas, aber vergebens. Die Eltern beharrten sozusagen auf ihrem Rechtsstandpunkt, und der Sohn, der sowieso unter der Übermacht nicht nur der Eltern, sondern auch zweier sehr viel älterer Geschwister aus erster Ehe des Vaters leidet, verschloß sich dann auch vor mir.«

So bleibt am Ende für viele Familien, wollen sie nicht den schlimmsten Weg einer Heimeinweisung gehen, noch als sozusagen vorletzte Möglichkeit die einer Therapie. Wobei allerdings hinzugefügt werden muß, daß auch eine Familientherapie um so mehr Erfolg hat, je früher sie in Angriff genommen wird – nicht erst dann, wenn das Kind schon längst in den Brunnen gefallen ist. Zeichnet sich also in der Familie eine Situation ab, bei der eine extreme Verhärtung voraussehbar ist, sollte man damit nicht zu lange warten.

Die Kosten für eine Familientherapie werden normalerweise von den Krankenkassen übernommen, wenn zuvor von fachkundigem Personal – zugelassenen Psychologen oder Psychotherapeuten – die Notwendigkeit dazu festgestellt wurde. Viele Therapeuten fordern die Mitwirkung (oder zumindest Präsenz bei den Sitzungen) aller Mitglieder der Familie, wenigstens aber der Eltern und des aggressiven Kindes; auch bei getrennt lebenden Eltern kann die Anwesenheit des »ausgeschiedenen« Elternteils empfehlenswert sein, etwa wenn es darum geht, traumatische Erlebnisse des Kindes oder des anderen Elterteils zu rekonstruieren.

Vorab sei gesagt, daß jede Therapie auch Risiken mit sich bringt. So ist es durchaus nicht unmöglich, daß sich die Eltern bei dieser Gelegenheit darüber klarwerden, daß ihr eigenes Verhältnis einen Grad der Zerrüttung aufweist, der verhindert, daß ein Kind wieder Vertrauen fassen und seine Konflikte gewaltfrei bearbeiten kann. Und das bedeutet entweder Trennung der Eltern oder eine ungeheure Anstrengung für sie, wenn sie das Ruder noch einmal herumreißen wollen. Und natürlich gibt es unter den Therapeuten auch unfähige Vertreter ihres Standes – nicht mehr und nicht weniger, als in jeder anderen Berufsgruppe auch. Wir sagen das vor allem, um keine übertriebenen Hoffnungen zu nähren. Therapie ist harte Arbeit an sich selbst. Ein Therapeut ist kein KFZ-Mechaniker, der ein paar kaputte Teile austauscht und die Karre damit wieder flott macht. Aus eigener Erfahrung und auch aus einer ansehnlichen Anzahl von Berichten können wir jedoch entnehmen, daß durch eine von allen gewollte Therapie in den meisten Fällen zumindest eine Besserung erreicht wird. Niemand wird erwarten, daß am Ende die vormals widerborstigen, allzeit schreienden, stoßenden, schlagenden Kinder nur noch wie schnurrende Schmusekätzchen um Vater und Mutter herumstreichen. Doch eine gewisse »Bändigung« der Streitlust und eine Zurückführung von Streit auf verträgliche Formen und Verhaltensweisen lassen sich durchaus anpeilen. Und das ist doch meist schon sehr viel.

Viele Therapeuten beginnen ihre Sitzungen mit einer »Bestandsaufnahme«: Sie lassen alle Anwesenden sich erst einmal

frei aussprechen, wie sie sich fühlen, wie sie sich die letzten Tage gefühlt haben, welche Kritik sie an der Situation und an den einzelnen Mitgliedern der Familie haben, und wenden sich danach vor allem an diejenigen, unter denen am heftigsten und häufigsten Streit herrscht. Erkundigungen über mögliche äußere Einflüsse folgen, und so macht sich der Therapeut oder die Therapeutin, meist mit Hilfe von Tonbandprotokollen, ein Bild von der Lage. Die anzuwendenden Methoden werden auf die konkrete Situation hin zugeschnitten.
Bevorzugt wird natürlich die Erarbeitung von Alternativen durch die Betroffenen selbst; wenn das nicht klappt, weil die einzelnen vielleicht zu schüchtern, zu unerfahren oder zu unwillig sind, kann der Therapeut versuchen, mit geduldigen Fragen die einzelnen Mitglieder der Streitgruppe dazu zu bringen, ihre Position zu überdenken: Was, meinst du denn, würde sich ändern, wenn der/die andere deinen Forderungen nachgeben würde? Wie könntest du dir vorstellen, daß du reagierst, wenn die Partner ihr Verhalten in dieser oder jener Weise ändern? Was würdest du von den andern erwarten, wenn du dich nun so oder so ändern würdest?
Stellt sich mit der Zeit eine gewisse allseitige Aufgeschlossenheit ein (manchmal erst nach mehreren Sitzungen), so gibt es auch schon mal »Hausaufgaben«: Die Familie übt bestimmte Verhaltensmuster ein, etwa indem jeder auf Streit anders reagiert als bisher. Darüber läßt sich dann in der nächsten Therapiestunde reden: Was hat sich dadurch im Verhalten oder in den Beziehungen verändert? Wie haben die einzelnen Familienmitglieder diese Veränderung empfunden?
Mit der Zeit wird sich der Therapeut langsam von seiner Mittler- und Puffer-Funktion zurückziehen und die Mitglieder der Familie zum direkten Austausch zu bewegen versuchen.
Sollten all diese Bemühungen nichts fruchten, wird der Therapeut allmählich dazu übergehen, bei den Mitgliedern der Familie zu sondieren, wie es denn wäre, wenn es zu einer Trennung käme.

Manchmal zeigt sich dann ganz überraschend, daß die offene Thematisierung einer möglichen Trennung der Familien noch im allerletzten Moment zu einer Umkehr führt – weshalb manche Therapeuten diesen Gedanken auch schon zu einem früheren Zeitpunkt ins Spiel bringen, wenn sie auf starke Widerstände stoßen. Die Gefahr dabei ist, daß dies leicht auch als bloße Drohung aufgefaßt werden und die Aufweichung der Fronten eher noch mehr verhindern könnte.

Tatsächlich mag durchaus zutreffen, was einige Familientherapeuten scherzhaft von sich selber sagen: In den meisten Fällen sei der Erfolg der Therapie schon allein deshalb garantiert, weil sowieso nur diejenigen Familien oder Paare kommen, die noch den Willen haben, zusammenzubleiben, und da gelte es dann nur, die richtige Unterstützung zu finden. Die anderen, bei denen die Risse schon zu tief sind, kommen erst gar nicht. Was aber gerade ermutigen sollte, in der Familie zumindest mal zu sondieren, ob man nicht doch so eine Therapie anstreben sollte – abbrechen kann man sie immer noch, auch wenn klar sein sollte, daß zwanzig bis dreißig oder sogar mehr Sitzungen notwendig sein werden, um einen greifbaren Erfolg zu erzielen.

Den Berichten von Familientherapeuten zufolge erweisen sich in der Rekonstruktion der Vorgeschichte von »hoffnungsloser« Streit- und Prügelsucht sehr oft drei Elemente als entscheidend, jedes für sich oder alle drei zusammenwirkend:

1. Eltern übersehen oft den richtigen Zeitpunkt, Streit zu »kanalisieren« – und greifen dann zu einer Art Notbremse in Form von autoritärer Unterdrückung von Streitereien und Kabbeleien, was aber oft nur noch zusätzliche Aggressionen schafft.

2. Nicht zu unterschätzen ist der externe Einfluß auf Inhalt, Form und Stärke familieninterner Auseinandersetzungen, also etwa Schule, Freundinnen und Freunde, Freizeitbetätigung, Gruppenzwang und so weiter. Dieser Einfluß kann in hemmender wie in fördernder Weise auftreten: »Seit wir Bernd zum Fechten gehen lassen, gibt's zu Hause kein Gedresche mehr«,

berichten Eltern aus Nürnberg, doch umgekehrt bemerkt eine Mutter aus den benachbarten Fürth: »Gerade wenn er vom Sport heimkommt, Tennis, Handball, Fechten, ist unser Gerd nicht mehr auszuhalten.«

3. Für unseren Zusammenhang wohl am wichtigsten ist die Abbildhaftigkeit vieler Formen von Streit: Kinder machen oft nach, was sie zu Hause oder im häufig frequentierten Kreise zu sehen bekommen. »Sie glauben gar nicht, wie oft wir hier bei den Sitzungen sehen, daß sich Kinder, gleich ob sieben, zehn oder fünfzehn, sogar mit denselben Attitüden auf Streit vorbereiten, vorgeschobenes Kinn wie der Vater, verschränkte Arme wie die Mutter, haspelnde Stimme, genau an derselben Stelle des Satzes eingeschobene Beleidigungen«, berichtet eine Therapeutin, »und doch fallen sie aus allen Wolken, wenn wir sie dann mal darauf aufmerksam machen oder gar ein Video aufzeichnen und es ihnen dann vorführen.«

»Alles wieder gut?«

Versöhnung – Realität und Illusion

Natürlich hätten wir's alle gerne so: der Streit ist ausgestanden, das Gewitter vorüber, und nun wird alles wieder gut. Ein beruhigendes Tätscheln auf den Kopf, ein Küßchen und ein Augenzwinkern: War doch alles gar nicht so schlimm, oder?

Mag sein, ist aber eher selten. Streit geht Kindern meist mehr unter die Haut, als wir Erwachsenen bemerken. Jeder Streit hinterläßt Spuren – was nicht heißen soll, daß man ihn unter allen Umständen vermeiden sollte. Manche Narben helfen wohl auch, erwachsen zu werden. Aber es wäre eine Illusion anzunehmen, daß es auch nur einen Streit gibt, der ganz ohne Folgen bleibt – und wenn er nur dazu beiträgt, den Krug weiter zu füllen, der eines Tages dann in unvorhergesehener, gar dramatischer Weise überläuft. Umgekehrt kann Streit auch dazu beitragen, daß endlich doch »der Knopf aufgeht«, daß also die Beteiligten nach vielleicht langem verbissenen Schweigen anfangen, miteinander zu reden. Streit ist also auch unter dem Aspekt seiner Quantität zu bemessen. Die restlose Abhärtung gegen Streit kann den Familienbeziehungen ebenso schaden wie das ängstliche Vermeiden aller Konflikte.

Es ist keinesfalls empfehlenswert, nach einem Streit »einfach so« wieder zur Tagesordnung überzugehen. Die Methode »Schwamm drüber« hat sich zu häufig als Irrtum erwiesen – übrigens auch in unserer Familie, denn natürlich haben wir das ebenfalls versucht. »Wir haben lange Zeit probiert, gleich wieder Schönwetter herzustellen«, erklärte uns ein Paar aus Bremen, »und wirklich haben wir selbst so manchen Streit bald wieder total vergessen. Nicht so aber unsere Kinder: Manchmal werfen sie uns noch heute, wo sie fast erwachsen sind, Streitereien aus ihrer Kindheit vor, an die wir uns kaum mehr erinnern.« – »Oft haben wir gedacht, daß unsere Kinder gar nicht zuhören, sie sind nicht auf eines unserer Argumente eingegangen«, erinnert sich ein Vater, »aber dann, Jahre danach, haben sie uns wortwörtlich Sätze wiederholt, die wir damals gesagt haben.«

Bloßes Ans-Herz-Drücken bewirkt ebensowenig wie die dümmliche Frage: »Hast du das jetzt endlich verstanden?«, nachdem die Kinder lediglich »totgeredet« oder mit Argumenten eingedeckt wurden, die ihnen völlig unverständlich bleiben müssen. Auch die Fortsetzung des Streits mit anderen Mitteln – etwa »Dranbleiben« oder ständiges Daraufzurückkommen – empfiehlt sich ebensowenig. Da ist es schon besser, zu beobachten, wie die Kinder sich nach dem Streit verhalten – und auch auf sich selbst ein Auge zu haben. Unentwegt senden die Erwachsenen durch ihr Verhalten auch Signale aus, doch nicht immer können die Kinder sie richtig entziffern. Besonders deutlich aufgedrängte Zuneigung oder Hilfe für die »Unterlegenen« macht auf sie möglicherweise den Eindruck, die Eltern hätten wegen des Streits ein schlechtes Gewissen, während es denen nur darum geht, zu den Kindern wieder eine ausgeglichene Beziehung zu bekommen. Nicht selten wird eine während des Streits noch klare Position durch das Verhalten nach der Auseinandersetzung regelrecht konterkariert. Das wiederum bewirkt, daß Kinder, die vielleicht während eines Streits schon gemerkt haben, daß sie auf dem falschen Dampfer waren, nun wieder unsicher werden, ob nicht alles bloß ein hinterhältiger Trick der Eltern war. Oder umgekehrt: Kriechen die Eltern allzu hündisch zu Kreuze, wenn sie bemerken, daß sie sich verrannt haben, kommt bei Kindern leicht der Verdacht auf, die Großen meinten es am Ende gar nicht ehrlich, sondern wollten sie bloß wieder einlullen: »Wir erinnern uns noch immer mit Entsetzen an einen Vorgang, bei dem wir unsere elfjährige Annette der Lüge geziehen und schwer darüber mit ihr gestritten hatten«, berichtet eine Mutter aus Frankfurt, »bis sich dann doch herausstellte, daß sie im Recht war, und wir sie inständig um Verzeihung baten. Das ließ sie sich einige Zeit gefallen, sagte dann aber plötzlich: ›Ihr meint das doch nicht ehrlich, oder?‹ Und ich vermute, sie hat es uns bis heute nicht geglaubt, wahrscheinlich, weil wir früher des öfteren nur so getan hatten, als sähen wir ein, was sie sagte, nur weil wir eben unsere Ruhe haben wollten.«

In manchen Fällen scheint die Nachbehandlung eines an sich beendeten Streits fast noch wichtiger als das Verhalten während des Streits. Vergreift man sich während des Streits mal heftig mit den »Argumenten«, wird das meist mit der Hitze des Gefechts entschuldigt; macht man solche Fehler danach, gibt es solche Milderungsgründe nicht. Kinder prüfen im allgemeinen sehr genau, ob der Satz: »Mensch, bin ich froh, daß wir jetzt nicht mehr streiten«, wirklich von Herzen kommt oder nur daher, daß die Großen keine Lust oder keine Argumente mehr hatten.

Schwieriger, aber mindestens ebenso wichtig wie zwischen Eltern und Kindern ist die Nachbearbeitung eines Streits unter Geschwistern. Nicht selten versuchen Geschwister untereinander, nach dem gerade ausgestandenen gleich wieder einen neuen Streit zu programmieren, eine Art »Revanche« wie beim Spiel: »Warte, auch wenn du jetzt recht bekommen hast, das nächste Mal bist du dran!«

»Was uns am meisten auf den Keks geht«, berichten Eltern aus München: »Daß man beim Ende eines Streits bereits absehen kann, wie und wann der nächste kommt, und das, ohne ihn aufhalten zu können. Hundertmal haben wir versucht, nach einem Streit alles in eine Art harmonisches Miteinander überzuleiten, vergebens. Dagegen waren meist alle unsere drei Kinder, das, das ›gewonnen‹ hatte, ebenso wie das, das ›verloren‹ hatte; und auch das, das gar nicht beteiligt war, machte nun den Kohl noch fett, indem es penetrant darauf hinwies, daß es nicht mitgestritten hatte und daher die Bravste von allen war. Da geht dann der Streit schon wieder los, denn nun zählen die anderen auf, wie oft die denn schon gestritten hat, und natürlich viel heftiger, böser, länger und so weiter.«

Patentrezepte können wir hier nicht geben. Wir selbst kommen am ehesten damit klar, wenn wir nach einem Streit zunächst alles so laufen lassen, wie es von selbst läuft. Irgendwann suchen wir dann nach einem geeigneten Zeitpunkt, das physische Beisammensein zu beenden, etwa indem wir um Mithilfe bei Tätigkeiten bitten, die von den Kindern nicht gleich als Last empfunden werden, es aber auch unbedingt tolerieren, wenn die Kinder sich lieber in ihre Zimmer zurückziehen möchten – vorausgesetzt, es besteht keine Gefahr mehr, daß dies von den andern als Verweigerungshaltung interpretiert werden könnte.

Wichtig für uns ist inzwischen vor allem geworden, daß wir Eltern uns am Abend oder zu einem anderen Zeitpunkt ohne die Kinder darüber beraten, wie der Streit denn gewirkt hat und voraussichtlich noch weiterwirken wird. Dabei sind wir keineswegs immer einer Meinung, manchmal stehen unsere Ansichten diametral gegeneinander. Aber diese Reflexion bewirkt, daß wir nun beide weiterhin die Lage mit geschärften Sinnen beobachten, und sei es nur, um für unsere jeweilige Deutung Belege zu finden – und das wiederum hat den unschätzbaren Vorteil, daß wir uns viel länger mit den Auswirkungen eines Streits befassen, als es sonst wohl der Fall wäre. Nicht selten kommt es vor, daß wir bestimmte Verhaltensweisen einer unserer Töchter auf einen zurückliegenden Streit zurückführen und einander darauf aufmerksam machen.

Auch dies ist kein Patentrezept, und oft fällt die schöne Aktion auch wegen Zeitmangels aus – aber ein praktikabler Ansatz scheint es uns immerhin.

Das größte Problem nach ausgestandenem Streit unter den Kindern scheint uns jedoch immer wieder zu sein, daß wir

nicht genau unterscheiden können, ob die »Siegerin« den Erfolg im Streit als rein sachliche Angelegenheit betrachtet, oder ob sie darin auch einen Triumph über die Person der oder des anderen sieht – eine Haltung, der wir natürlich behutsam gegenzusteuern versuchen, ohne daß dabei der Verdacht aufkommen darf, wir wollten den Erfolg schmälern.
Doch auch umgekehrt sind Gedanken dieser Art nicht unangebracht: Etwa, ob der »verlierende« oder »nachgebende« Teil am Ende wirklich überzeugt ist oder nicht. So haben wir zum Beispiel bis heute alle Mühe, bei unseren Töchtern eine »nachtretende« Ironie von echter Überzeugung zu trennen: »Du hast ja recht«, kann zum Beispiel durch das winzige Wörtchen »so« sinngemäß ganz ins Gegenteil verdreht werden: »Du hast ja sooo recht!« ist bekanntlich eine durchaus mokierende Wendung.
So entwickelt sich mitunter aus dem gelösten Streit gleich wieder der Keim für einen neuen:
Jessica: »Ich hab ja schon gesagt, daß du recht hast.«
Rebecca: »Ja, aber du sagst das so, als ob ich nicht recht hätte.«
Jessica: »Dochdoch, wenn ich's dir sage.«
Rebecca: »Ich glaub's dir aber nicht.«
Jessica: »Was glaubst du mir nicht?«
Rebecca: »Daß du meinst, daß ich recht habe.«
Jessica: »Na gut, dann sag ich halt, daß du nicht recht hast.«
Rebecca: »Aber ich habe recht.«
Jessica: »Eben. Hatte ich doch gesagt, aber du willst es ja nicht hören.«
Rebecca: »Weil du's so sagst, als ob's nicht wahr wäre.«
Jessica: »Was soll ich denn noch sagen? Soll ich mich auf den Boden legen und dich um Verzeihung bitten?«
Rebecca: »Nein. Aber du sollst es nicht so sagen, als ob's nicht wahr wäre.«
Womit wir bereits erneut in einer Auseinandersetzung sind, die auf neuen Streit hindeutet. Und wir erneut darüber nachdenken

können, ob Streit auch unter diesen Umständen nötig und für die Entwicklung förderlich ist, wie der Vater meint, oder etwas Unnötiges und daher im Grunde Schlimmes, wie die Mutter sagt, oder etwas, was eigentlich gar niemand will, wie die Kinder behaupten ...